日本型近代家族

どこから来てどこへ行くのか

千田有紀

勁草書房

はじめに

『日本型近代家族――どこから来てどこへ行くのか』という本のタイトルを決めたときには、これしかないという気がした。日本に「近代家族」論が紹介されてから四半世紀が経過した。近代家族とは、政治的・経済的単位である私的領域であり、夫が稼ぎ手であり妻が家事に責任をもつという性別役割分業が成立しており、ある種の規範のセット――一生に一度の運命のひとと出会って、結婚し、子どもをつくり、添い遂げるというロマンティックラブ、子どもは天使のように愛らしく、母親は子どもを無条件に本能的に愛しているはずという母性、貧しくてもなんでも親密な自分の家族が一番であるという家庭などの神話に彩られた――を伴う家族の形態のことをさす。わたしたちにとって当たり前だと思わされてきたこの家族像にとりあえず「近代家族」という名前をつけて、前近代社会に目をむけるとわたしたちは茫然とするだろう。

前近代社会では、独身者も多く、恋愛という概念もなく、したがって「運命のひとと恋に落ちて、死ぬまで一緒」などと考えて結婚するひとなどおらず、末子が独立する前に親は死んでいた。また子どもが死んでも親は泣きもせず、子どもが純真などとは思われてはおらず、そもそも家族にプライバシーはなかった。さらにいえば、今わたしたちが考えるような、生産に消費の単位である「家族」自体が存在しなかった。「家族 family」という概念が現れるのも欧米でも一七世紀にはいってからであり、そのときにも奉公人などの非血縁者をうちに含みこんでいた。日本語においても「家族」は、family の翻訳語として明治時代につくりだされた言葉であり、最初は家族の「集団」をさす言葉ではなく、家族の個々の「成員」をさす言葉にすぎなかった。

これらの前近代社会における家族の不在を目の当たりにして、わたしたちが生きているこの家族という経験も、歴史的には「特殊」な存在の一形態にすぎないのだということに気づかされる。わたしたちの家族にまつわる経験は、「近代家族」の経験にすぎないのだ。

「近代家族」論は「家族」を相対化したが、わたしはもうひとつ相対化したものがあると思っている。それは「日本」である。一九八〇年代にはまだ、日本の近代は「特殊」であるとか、すでにもう「ポストモダン」を迎えているであるとか、いやまだ「前近代」であり「封建的」で「遅れている」と考えられていた。その「前近代性」や「特殊性」を代表していたのが、「日本の家族」であり、「家」だった。

しかし「近代家族」に目をむけてみると、日本の近代における家族は、特別に「特殊」でも「遅れ」てもいない。合理的な市民社会の領域とは違い、そもそも家族は「感情」が割り当てられた領域である。「感情」のみかけの非合理性に足をすくわれそうになるが、そもそも「母性」や「恋愛」といった愛情がつくりだされたのは近代に入ってからであり、私的領域である家族の非合理性はとても「近代的」である。近代にはいって、市民領域と家族領域がはっきりと分けられ、それぞれに「公」と「私」という名前がつけられ、互いに正反対の規範——パーソンズの顰に倣えば、普遍主義／個別主義、業績本位／帰属本位、感情中立性／感情性、限定性／無限定性、集団志向／自己志向という正反対の行為の規範——が割り振られたのである。市民社会では節度をもって公平に相手に接することが求められるが、家族では相手にとことん愛情をもってむきあうことが求められている。

それでは日本における「近代家族」とは、どのようなものなのか。この問いにまだ、結論は出ていない。欧米の社会史という歴史研究からでてきた「近代家族」という概念を使うことによって日本の家族の何がわかるのか。「日本型近代家族」とは何なのか。日本における「近代家族」の問題に、焦点を絞って一度じっくりと考えられる必要があると思った。

また日本の「近代家族」の基本形は、明治時代につくられたとしても、それから百年以上が経過している。とくに一九九〇年代以降のグローバリゼーションの急激な進行のなか、家族の変化も著しい。それでは日本社会の変化と「近代家族」はどのような関係があるのか。実際に日本の「近代家族」は、どう変化してきたのか。そのことが「近代家族」という枠組みを使いながら論じられることは、意外に少ないように思われる。「近代家族」がどこに行くのかについて、考えてみたいと思う。

日本型近代家族

どこから来てどこへ行くのか

／目次

はじめに

第I部　日本型近代家族

第Ⅰ部　日本型近代家族

第一章 「近代家族」の形成

1 家族はつくられるのか？

家族は変化するものだろうか。わたしたちは過去の家族のイメージについて、簡単に口にする。例えば、昔は大家族で老人が大切にされ、たくさんの孫たちに囲まれて暮らしていたのではないかというようなイメージがもちだされることは多い。かと思えば、ときには太古の昔から男と女はつがって子どもを産み、社会生活を男が担い、女は家事を担っていたのであって、このような夫婦と未婚の子どもからなる「核家族」は、ずっと変わらないんだというようなイメージをもちだすこともある。

よく考えてみれば過去は大家族だったというイメージと、現在存在する「核家族」はずっと昔から変わってこなかったというこのふたつのイメージは、そもそも背反するものだ。このようなイメージは、両方とも本当なのだろうか。それとも、どちらが正しいのだろうか。イギリスの人口学的歴史学者ピーター・ラスレットらによるケンブリッジ・グループの研究によれば、一三〜一四世紀のイングランドの世帯の人口調査から、当時の世帯の大部分が父・母・子どもからなる核家族であったことがわかっている（Laslett 1985＝1992: 118）。ラスレットはこれらの調査から、家族の歴史に関する、間違った「五つのドグマ」に対して警鐘を鳴らしている。これはわたしたちの思い込みを解体するのに便利であるから、ここで少し検討してみよう。

（1） ラスレットによる五つのドグマ

最初はまず、大規模世帯ドグマである。これは、工業化以前の同居家内集団は大規模で、親族構成は複雑だったに違いないという思い込みのことである。しかし実際のところ工業化以前のイングランドでは、死亡率も出生率も高く、世帯の人数は平均してせいぜい四、五人であったという。大世帯を形成する場合は、住み込み奉公人を抱えるという形態であり、家族はけっして血縁関係にあるひとびとだけから成り立っていたわけではなかった。

第二には、一方向ドグマである。いつでもどこでも家族は、大規模から小規模へ、複雑なものから単純なものへと変化してきたという信念である。残念ながら、これも間違いである。第三は、工業化ドグマであり、これは工業化の過程が、大規模家族から小規模家族へという変化を引き起こしたという間違った仮定である。また第四番目は、自然的世帯経済ドグマである。これは世界中のどこでも、昔は自分たちに必要な物資を自給自足している、自然的世帯経済が一般的であったという「証明されてもいないし不必要でもある仮定」のことである。さらに第五には、労働集団としての世帯ドグマがある。工業化以前においてはどんな世帯も、子どもを産み、育てるといった人口再生産の単位であると同時に、いろいろな物をつくりだす生産の単位であったという間違った仮定である。

(2) 核家族のイメージ

どうやら、昔の家族が「大家族」であったというイメージは間違っているようである。それでは、「核家族」のイメージそのものはどうだろうか。ラスレットらの研究成果によって明らかにされた、工業化以前のイングランドでは世帯の大部分が核家族であったという事実は、人口学的には高い出生率（結婚率の上昇）によって説明されている（Wall 1983＝1988）。そのような世帯規模はイングランドだけではなく、日本も含め、他の国にもあてはまる。宗門人別帳から調べても、日本の世帯人数は江戸時代でも五人台にすぎない。つまり、人口学的な条件から核家族を形成しやすい条件はそろっていたことになる（小山 1999）。

しかし実際のところ、昔の世帯が「核家族」という形態をとっていたとしても、それらはわたしたちが現在知っている家族集団とは、大きく異なるものだった。ラスレットが「労働集団としての世帯ドグマ」が誤りであると述べているように、家族がものを生産するための単位であり、家事や子育てのための単位であるという思い込みは、近代に入ってからつくられたものである。

(3) つくられた「家族」

そう。わたしたちが現在馴染んでいる家族形態は、実は近代につくられたものなのである。「家族がつくられる」と聞くと、不思議に思うかもしれない。わたしたちは、自分たちがどのような家族に生まれるかは決定できないまでも、自分の意志で自然に誰かと恋に落ち、結婚し、子どもを産み、家族をつくっていく。そのことは地球上のどこでも、いつの時代にでも起こることで、「当たり前」で、「自然」ではないかと考えがちである。しかし、「当たり前」で「自然」にみえることこそ、疑ってみる価値はある。とくに家族や性にまつわることがらは、とりわけ「生物学的」な「自然」によって決定されているようにみえるだけにいっそう、どのような歴史をもつのかを検討してみることにより、その当たり前さ——自明性——が、崩れることがある。家族は、普遍でも不変でもない。性や家族は、歴史をもつのである（Foucault 1976＝1986）。

2　つくられる「家族」

それでは今の家族は、誰によってつくられたのだろうか。ある意味では、家族をつくったエージェントは国家であった。周知のように日本は一九世紀の後半、「鎖国」を解いて、急激に欧米諸国を中心とする世界のなかに組み込まれていった。徳川幕府がなくなり、天皇を中心とする国家づくりが進められた。天皇を国民統合の象徴として、「国民」がつくりだされたのである。

(1) 国民国家形成と「家族」

当たり前のことであるが、江戸時代には「日本人」というアイデンティティは存在しなかった。例えば誰かに「あなたは誰か?」と訊ねてみれば、おそらく「なんとか村のだれべえ」というような答えが返ってきたに違いない。江戸時代のひとの世界は、その村落共同体のなかで完結していたからである。わたしたちが(ひとまずあなたを日本人と仮定する。もちろん、実際はそうでない可能性もあるけれども)自分を「日本人」という「国民」として想像するには、自分の村をこえて、「日本」という領域が存在し、「日本語」を喋る同じような「日本人」が存在しているのだということが、前提とされていなければならない。さまざまな「方言」とは別に、「共通語」である「日本語」が今のようなかたちで整備され、「日本人」というアイデンティティがつくりだされるのには、書籍をはじめ、ラジオ、さらにはテレビといったテクノロジーの進化が、深く関わっている。

このような「国民」の創設に、なぜ家族が関係しているのだろうか。それは、日本政府が「国民」を把握するときに、家族、より正確にいえば、世帯を単位として行なおうとしたからである。明治政府は、まず士農工商といった身分制度を廃止し、天皇以外の国民、華士族と平民を一応は

「平等」とし、四民平等の制度をつくりだした。政治の主体である「国民」を形成しようとしたのである。そして、従来は武士階級の特権であった姓を、すべての国民がもつことになった。

実際のところ、明治に入るまえにすでに商家は屋号をもっていた。また農民も、江戸の後期には農民層分解によって独立を始めており、屋号をもっていたといわれている。しかし屋号とは切り離された姓をすべての国民がもつことによって、国民がどこに移動しても、国家は国民のありかを把握できるようになった。国民が移動することによって、屋号と姓が分離するという現象は、ドイツやフランスなどのヨーロッパでも、同様にみられている（Mitterauer & Sieder 1977＝1993）。

このように国家は姓をすべての国民にあたえ、「家族」をさまざまな管理の単位とするために、つくりだそうとした。現在でも住民票の住民登録や、国家による住民（外国人をも含むのでいちおう住民と書くが、おもには「国民」）の状態を把握するための国勢調査は、現住所主義で世帯を単位に行なわれている。家族は衛生や納税、教育や兵役や労働の単位とされた（西川 1991）。

（2）教えられる「家族」

ひとびとがまだ知らない「家族」とは何かを国民に教えるために、国家自体も試行錯誤の連続を繰り返した。例えば、今では「日本の伝統」と考えられがちな夫婦同姓にしても、一八九八年の明治民法までは明確な規定はなかった。そのため、だいたい半分の女性は夫とは別の姓を名のっていたといわれている。お隣の国の韓国では、女性は実家の姓を名のっている。儒教では、女性は

「戸」のなかの異分子であると考えられるため、夫の姓を名のることが許されない。したがって韓国では、夫婦同姓のほうがフェミニストの主張となるという逆転がある。

また明治政府は当初、「妾」の存在を法的に認めていた。ひとりの夫とひとりの妻が結婚するという一夫一婦制は、まだ「常識」ではなかったのである。さすがにこれは、諸外国から野蛮であると批判される恐れから廃止された。結婚や離婚を役所に届けるという風習も徹底していなかったため、婚姻は今よりも流動的だった。例えば、一九二三年に、中島玉吉が京都の西陣でおこなった調査によれば、婚姻の届出をしていないひとの理由の筆頭は、「妻・夫双方が戸主および相続人であるために入籍不可能」というものが、二九・〇パーセント、「戸主が承認しないため」が一二・八パーセント、「妻の出産待ち」というものが八・一パーセント、その他が二六・八パーセントである。興味深いのは、「なにげない怠慢によるもの」が、二三・三パーセントもあることである（利谷 1996: 139）。離婚率も、大正時代に入るころまでは、日本ではかなりの高率を誇っていた。

ひとびとは「家族」とは何かを、まだ学習していなかった。であるから、生まれたばかりの近代国民国家が、「国民」をつくりだし、「家族」とは何かを国民に教えなくてはならなかった。より正確にいえば、国民国家が「国民」をつくりだす過程と「家族」をつくりだす過程は、連動していたのである。

3　「近代家族」の成立

このように近代に入ってから国民国家によってつくりだされた「家族」のことを、それ以前のものとは区別して、「近代家族」という。それ以前のものといっても、近代以前には、わたしたちが想像するような「家族」は存在していなかった。

(1)　前近代の「家族」

前近代社会においてひとびとは「家族」という世帯のなかでではなく、共同体規制のなかで生きていた。ラスレットがいうように、家族は子どもを産み育てるという、独立した再生産の単位でもなかったし、そのなかで経済が完結するような生産の単位でもなかった。ひとびとの性関係は共同体の規制のなかにあり、身分を越えた自由な結婚などはあり得なかった。(実際は、現代においても、わたしたちは同じような階層の人たちと結婚するように仕向けられているのだが、しかしここではまた別の話である)。また、今わたしたちが考えるような生産や再生産の単位としての世帯はそれほどに自律はしておらず、性や年齢からなる共同体のグループ、例えば若者組や娘組などのグループが大きな力をもち、性や年齢によってわけられたグループによって分業が行なわれていたと考えられている。「家族」という単位は、いわば共同体のなかに埋没していて、みえないものだった。

（2）「近代家族」とは何か

このようななかから、近代にはいってつくりだされた「近代家族」の特徴は、どのようなものだろうか。「近代家族」の歴史研究の古典、『近代家族の形成』を著した歴史家エドワード・ショーターは、近代家族の要件として、以下の三点をあげている（Shorter 1975＝1987）。

一　ロマンス革命
二　母子の情緒的絆
三　世帯の自律性

つまり近代に入ってから男と女が愛情をもって結婚するようになり、母親が子どもを愛するようになり、家族が他の領域から干渉を受けなくなっていったというのである。このような三つの要件は、近代家族の「理想」ではあるが、「現実」ではない。とくにひとが感情を「解放」し、愛情という動機によって結婚するようになったとロマンスを理想化したり、子どものあいだにある愛情を実体化したりすることはできない。これらの感情の「革命」が、感情に関する「理想」をつくり出したとしても、「現実」をつくりだしたとは限らないのだ。

日本に近代家族論を紹介した落合恵美子は、次の八点を近代家族の特徴としてあげている（落合

1989)。

一　家内領域と公共領域の分離
二　家族成員相互の強い情緒的関係
三　子ども中心主義
四　男は公共領域・女は家内領域という性別分業
五　家族の集団性の強化
六　社交の衰退
七　非親族の排除
八　（核家族）

八番目の核家族を、落合はのちにカッコでくくっている。その理由は、日本のように直系家族（核家族ではなく、祖父母などと同居する家族形態）の規範があり、「核家族制をとらない文化圏を対象とする場合には、家族形態についての規定はとりあえずはずしておいたほうがよい」（落合 1996: 29）と判断したためだと説明している。

西川祐子はこの落合の八項目の理念型に、さらに次の項目を加えている（西川 1991）。

九　この家族の統括者は夫である。
一〇　この家族は近代国家の単位とされる。

しかし西川はのちに、この第一〇項目の「この家族は近代国家の単位とされる」を独立させて近代家族の定義として、「残りの九項目は近代家族の一般的性質あるいは近代家族のメルクマールにすべきと、逆転して考えるにいたった」(西川 1996: 80) という。近代以前の家族が、部分的には近代家族に近い性質を備えていたとしても、国民国家の時代における家族だけが、近代家族と呼ぶにふさわしいというのである。

また山田昌弘は、「近代家族」の特徴として次の三点を提出している (山田 1994)。

一　外の世界から隔離された私的領域
二　家族成員の再生産・生活保障
三　家族成員の感情マネージャー

山田があげた「近代家族」の特徴をわたしなりにいいかえるとすると、こういうことである。まず、「家族」という領域が、共同体から切り離されて、プライバシーの領域になったと。これは、周りの人にどういわれようが、家族が何をしようと自由だと主張できるようになったことを意味する。身分違いの結婚も（理念的には）自由であるし、子どもをしつける権利と義務は共同体にではなく親にある。これは家族成員に自由をもたらす一方、家族のなかでの暴力や権力関係をみえにくくするという問題を生んだ。さらに、近代社会では商品を生産する労働の場である市場が大きな役割を果たすようになったが、「家族」には異なった性格が割り振られた。市場労働とは別の「家事労働」の場であるという性格である。

「家族」は、労働者である夫が疲れを癒し、休息を取り、食事をして、また労働市場にでていくのを支える場となった。また将来の労働者である子どもを産み、育て、労働市場から引退した老親を介護し、労働市場に参加できない怪我人や病人が出た場合はその看護を引き受ける単位になった。この役割は、主に女性が担うことになった。夫は市場労働を担い、妻は家事労働を担うというように、性別によって果たすべき役割が決められていることを、性別役割分業という。もちろん、「家族」だけではこれらの機能を果たしきれないため、福祉によってバックアップされるのだが、「家族」は共同体から切り離されたかわりに、直接、国家に接続されるようになったのである。

また近代社会は、「感情」を大切にする社会である。「愛情の感覚、親しさ、楽しさ、親密性、感情表出、思いやりなど、人間関係の『よい』側面」（山田 1994: 46）は、すべて家族に放り込まれることになった。市場が、冷たい人間関係を代表する場となったのと同時に、近代社会では、ひとびとが、愛し愛されて生きることが、このうえない価値をもつようになったのである。

わたしたちは、感情を「自然」なものと感じている。しかし、実際には、感情は「自然」ではありえない。山田の議論にそって進めていけば、まず感情には表出―抑圧の決まりがある。いくら熱烈に愛しあっている恋人同士でも、人前、とくにフォーマルな場では、愛情表現を控えるだろう。第二に、感情には、適切性の決まりがある。「お葬式では悲しくなる」のが適切であり、ウキウキするのは変だと考えられている。第三に、こういう感情は、近代社会においてとても高い価値をおかれている。「何も感情を感じない人間」というのは、最大の非難の言葉であり、感情を体験できる人間であるということが、一人前の人間であることの証となる。このような社会であるからこそ、ジェットコースターやお化け屋敷で、わざわざ怖い思いをするために、ひとはお金を払ったりもするのである。第四に、特定の感情に価値が与えられている。「愛」であるとか、「恋愛」、「共感」は高い価値を与えられ、「恥」や「罪」といった感情は、好ましくないものと考えられている。

このように考えれば、感情は社会的に規制されていることがわかるだろう。とくに愛情には限られないが、さまざまなことは社会的に決められている。このひとびとがまもるべきと考えられている、社会的に決められたきまりのことは、「規範」と呼ばれている。

4　近代家族の規範

それでは近代家族に関する規範には、どのようなものがあるだろうか。大まかにあげると、以下の三つが考えられる（Shorter 1975＝1987 など）。

一　夫婦間の絆の規範としてロマンティックラブ・イデオロギー
二　母子間の絆の規範として母性イデオロギー
三　家族の集団性の規範として家庭イデオロギー

（1）ロマンティックラブ・イデオロギーとは何か

ロマンティックラブ・イデオロギーとは、「一生に一度の恋に落ちた男女が結婚し、子どもを生み育て添い遂げる」、つまり愛と性と生殖とが結婚を媒介とすることによって一体化されたものである。結婚を媒介としてこの三点がそろっていることが求められたため、愛のない結婚、愛のないセックス、結婚につながらない性交渉、結婚していない婚姻外の性、婚姻外で生まれる婚外子、愛している相手の子どもがいらないと感じること、結婚しているにもかかわらず子どもをつくらないことなどが、不自然であると考えられ、非難の対象とされてきた。

（2）母性イデオロギーとは何か

母性イデオロギーとは、母親は子どもを愛するべきだ、また子どもにとって母親の愛情に勝るものはないという考えかたのことである。「三歳までは母親が子どもを育てるべきで、そうしないと子どもに取り返しのつかない影響を与える」という「三歳児神話」などもこれに含まれるだろう。

ちなみにこのような三歳児神話は、一九九八年度の厚生白書で「合理的な根拠はない」と否定されている。

(3) 家庭イデオロギーとは何か

家庭イデオロギーとはその名のとおり、家庭を親密な、このうえなく大切なものとする考えかたである。どんなに貧しくても、自分たちの家族が一番である、家族はみな仲がいいはずだという、「狭いながらも楽しい我が家」という表現にみられるような、家族の親密性に関わる規範である。

これら三つのイデオロギーを歴史的にみれば、ロマンティックラブ・イデオロギー、母性イデオロギー、家庭イデオロギーの順番で成立した。それではこれから、これらの規範の移り変わりを検討していこう。

5 夫婦の絆の規範＝ロマンティックラブ・イデオロギー

ロマンティックラブ・イデオロギーは、愛と性と生殖が結婚を媒介として一体化したものと先に述べたが、実際にはいろいろな組み合わせのパターンが存在している。性と恋愛と結婚の組み合わせの場合もあれば、愛と性と生殖などの場合もある。しかし共通しているのは、愛と性と結婚と子どもが一連の過程として考えられていることである。つまり恋に落ちたら、セックス、つまり結婚がしたくなり、相手の子どもが欲しいと思うようになる、というものである。

(1) ロマンティックラブ・イデオロギーは生きているか?

このようにいえば、性の解放が進んだ今日にはもうロマンティックラブ・イデオロギーは存在していない、古臭い考えかたのように思われるかもしれない。しかし実態はどうであれ、いまだにロマンティックラブ・イデオロギーの規範は、完全にはなくなってはいない。確かに、ただひとりの人間と添い遂げるかどうかが生きるか死ぬかの問題となったり、結婚しない性関係を連想させる同棲がスキャンダラスなものであったりした時代に比べれば、一九六〇年代の性革命や一九九〇年代後半の変化を経て、今ははるかにロマンティックラブ・イデオロギーの規範はゆらいでいる。それでも例えば結婚式や見合いの席で、過去の恋愛遍歴についておおっぴらに語ったり、婚姻外で子どもを産むことが積極的に奨励されたりしているとはいいがたい。日本の婚外子出生率は、戦後はだいたい二パーセント以下で留まってきており、出生数のうちの半分近くが婚姻外で生まれるスウェーデンやフランス、三人にひとりは婚外子であるアメリカなどに比べれば、驚異的に低い数字であった。また新生児の四人にひとりは、いわゆる「できちゃった結婚」で生まれるものの、妊娠を結婚によって帳尻を合わせ、シングルで産むという行動には結び付いていない。このような意味で、日本社会ではいまだにロマンティックラブ・イデオロギーの規範は生きているといってよい。

(2) ロマンティックラブと「近代家族」

ロマンティックラブの考えかたは、性別役割分業に基づいた生産・再生産の単位である「近代家族」という制度をつくりつづけるには最適なものである。しかし、そもそも大きな矛盾を孕んだものである。これからその成立過程をみていくことによって、考えてみよう。

(3) ロマンティックラブ・イデオロギーの起源

ロマンティックラブ・イデオロギーの起源は、宮廷での恋愛にあるといわれている。中世においては、騎士が貴婦人に思いを寄せることが、ひとつの恋愛の理想形として、考えられていた。重要なことは、騎士の恋愛の対象である貴婦人は、既に婚姻のなかにいたことである。つまり、ロマンティックラブ・イデオロギーの起源においては、「結婚」が恋愛の成就ではなかったのだ。

ドニ・ド・ルージュモンは『愛について』で、一二世紀にヨーロッパにあらわれた騎士と既婚の貴婦人との「宮廷風恋愛」を、トリスタンとイゾルデの物語を分析しつつ考察した。結婚を必ずしも是とはしない騎士道のロマンスは、結婚を秘蹟にまで高めようとするキリスト教的な社会倫理とはあきらかに異なっており、対立するものだったというのである。この恋愛は、結婚によって直接に婚資として、また相続によって土地を得ることのできる封建制度の慣習への反動であるという。「われわれは、この情熱恋愛が結婚を徹底的に否定することを、認めぬわけにはいかない」(Rougemont 1939=1993: 95)。ルージュモンは、これらのロマンティックラブ・イデオロギーという情熱を、東方から輸入されたものとして考えて、西欧と対立させている。その真偽はともかく、結婚とロマンスがそもそも両立したものではなかったという指摘は、興味深いものだと考えることができるだろう。

(4) ロマンティックラブ・イデオロギーが孕む男女の非対称性

とはいえロマンティックラブ・イデオロギーの規範は、男性と女性にとって、同じように機能したのではなかった。例えば人間解放の時期と考えられてきたルネッサンス期に、モンテーニュは、『随想録』(一五八〇年)を書いたが、そのなかではロマンティックラブによる恋愛と、家柄や財産を維持するための結婚は、分けられるべきであると主張されている。つまり結婚には恋愛という感情をもちこむことが禁止され、恋愛は家庭の外で処理されるものであると考えられたのである。ここでも恋愛と結婚は、一致しないもの、矛盾を孕むものだった。

このロマンティックラブのもつ矛盾は、男性よりも、女性のほうに大きくあらわれる。なぜなら、結婚と恋愛を使いわける資格のある人間は、男性に限られていたからである。結婚と恋愛を一致させることは建前であり、実際には恋愛は結婚の外でおこなわれていたとしよう。しかしこのような使い分けは、「恋愛結婚」が規範とされた社会で、夫の愛を受けられない妻を生み出してきた。また、恋愛の対象ではあっても、結婚にいたることのできない女、つまりは結婚の外に生きる女、性的な対象でしかない女をも生み出したのである。

男性は、このような女性を性的魅力があると称揚しながらも、「娼婦」だと軽蔑する。また貞節を守る妻を、貞淑であると褒め称えながらも、女性としての魅力がないとみくびる。つまり、ロマンティックラブ・イデオロギーがそもそも孕んでいた矛盾は、女性を結婚内に生きる主婦と、婚姻外で生きる娼婦のふたつに分裂させる。他方男性だけが、これらのふたつに分けられた女性の間を、自由に行き来することができる。このように、女性と男性とで、適用される規範が異なることは、規範のダブルスタンダード（二重規範）と呼ばれている。

このような性による規範のダブルスタンダードにより、男性によって女性の使い分けがおこるという事態は、例外的な事態だと考えるひともいるかもしれない。これはロマンティックラブ・イデオロギーがそもそも孕んでいる矛盾ではなくむしろ、すべての人間がきちんとロマンティックラブ・イデオロギーを守り家庭に入ることにすれば、不幸な妻も娼婦に対する軽蔑もなく事態はまるく収まるのだと。

(5) ロマンティックラブ・イデオロギーの矛盾

しかしやはり、すべての人が運命の相手と恋に落ち、その相手と結婚してから性交渉をもって、子どもを産み育てるべきだというロマンティックラブ・イデオロギー自体が、矛盾を生み出しているのは確かである。なぜなら、娼婦が軽蔑されるのは婚姻外に性交渉をもつからであり、全ての人間が婚姻するべきであると考えられるようになったのは、近代に入ってからである。[1] つまりロマンティッククラブ・イデオロギーの特徴には、全ての人間が結婚するべきだという結婚の規範化がともなっている。しかし前近代においては、結婚は「特権」であり、婚姻外にいることはそれほど珍しいことではなかったのだ。

またロマンティッククラブ・イデオロギーの第二の特徴として、一対の異性愛の特権化があげられる。ひとりの男とひとりの女が惹かれあい結ばれることこそが、崇高で素晴らしいのであって、それ以外の関係は価値のないものとして貶められる。これからそれを検討していこう。

(6) 皆が結婚するべきだという規範

中世におけるロマンティッククラブは、騎士と貴婦人という限られた階層にだけ許された存在だった。しかし近代におけるロマンティッククラブを特徴づけるのは、ロマンティッククラブが全てのひとに起こると考えられ始めたことである。

例えば、日本の中世ではどうだったのか。服藤早苗は『家族と結婚の歴史』において、中世には自分の意志とは関係なく、身分や階層によって結婚しない男女が多くいたことを指摘している(服藤 1998)。むしろ結婚して妻の呼称を得る女性たちは、特権層だった。

まず上層身分の女性たちの代表として、天皇家はどうだろうか。天皇は、ひとりの男性が多くの妻を娶る一夫多妻妾制の典型だったため、多くの子どもたちが誕生した。母の身分が低い場合は皇族一族から排除され高い場合は親王や内親王になるが、彼らは院政期以降ほとんど結婚することはなかったという。独身のまま女院になって天皇家の財産を守る場合もあるが、天皇後継者以外は小さなうちから僧籍にいれられ、僧や尼になった。また宮中や貴族・武士の邸宅に住み込んで奉公する家女房や従者層も独身だった。

さらにこうした上層身分と対極にある下人身分は、どうだろうか。彼らは主人にもののように所有されているひとたちであり、借金のかたに下人に落とされたり、夫や父親によって売られた妻や子どもたち、またその子孫たちである。主人の許可なく結婚することはできず、生まれた子どもは男の子の場合は男の主人の、女の子の場合は女の主人の所有物になる規定があった。それでも結婚することなく、一生独身のままの男女が多かったという。

また一〇世紀をすぎると貨幣経済が浸透するにともなって、「性」を売り買いする性の商品化が始まり、買売春が広まっていった(2)。こうした買売春にたずさわる遊女たちも、結婚することはなかった。また、地方を遊行する、巫女や熊野比丘尼なども一生を独身ですごした。

このように大量に独身者が存在するという事情は、江戸時代に入ってもそれほど変化がなかった。また、ヨーロッパにおいても同様だった。僧籍に入ったり、学問をしながら生涯独身をつらぬく人間は、ヨーロッパにも存在したのである。日本では、貧農の二、三男に結婚が許されなかったことが日本の「封建制」の特徴のように考えられてきたが、耕地が限られている場合には特別のことではない。相続によって耕地の分割を防ぐ意味があったのだ。さらに商家においても、商家に仕えながら独身のまま生涯を終える人間は、多数存在した。

これらの事情が一変したのが、明治以降の近代社会である。生涯にひとりは運命の相手があらわれ、とにかく全員が結婚するべきであると考えられるようになったのである。いわゆる「適齢期」をすぎると「どうして結婚しないの」とたずねられ、結婚しない言い訳を必要とするようになる社会というのは、歴史を振り返ってみれば珍しい社会だということができる。これを「再生産の平等化」（落合 1994）と考えるか、「再生産の義務化」と考えるかは、立場によって異なるだろう。

(7) ロマンティックラブと異性愛規範

近代社会にはいってから「一対の男女が恋に落ちて結婚する」というストーリーが崇高なものとされるようになった一方で、それ以外の関係はあまり重要視されなくなった。わたしたちは、男女の一対の関係を当たり前のものと自明視しがちであるが、歴史を振り返ってみれば、けっしてそうではない。

フランスの哲学者ミシェル・フーコーは『性の歴史』で、「家族」が歴史的な存在であるように、「セックス」もまた歴史的な存在であるということを明らかにしている（Foucault 1976＝1986, 1984a＝1986, 1984b＝1987）。例えば古代のギリシアでは、成人男子と少年とのあいだの同性愛のセックスが称揚され、理想化されていた。リリアン・フェダマンの『レスビアンの歴史』によれば、一九世紀のアメリカでは女同士の愛情は、「ロマンティックな友情」としてひろく認められていた。この友情は、ときには性的な関係も含むものであり、新婚旅行に新婦の友人が同行することすらあったという（Fedaman 1991＝1996）。

しかし二〇世紀に入ると、男女のカップルだけが「正常」とされ、それ以外の関係、生殖に結びつかない関係は、「異常」、「倒錯」、「逸脱」であると考えられるようになる。これには、フロイトに代表されるような性科学の発達が関係している。一九世紀末からは、「正常」な一夫一婦の異性愛カップル以外は「異常」であると、さかんに「科学」の名前でいわれ始めるのである。「科学」は熱心に、人種や性や階級の違いをひとびとの身体的特徴に求めてきた。「科学」にわたしたちは抵抗しにくいが、過去の科学においていわれてきたことが、現在のわたしたちの眼からみると間違っていることは、あまりに多い。わたしたちは、脳や血やホルモンや遺伝子によって人間の行動が決定されているという科学決定論を疑ってみる必要がある。アメリカでは、一九七三年に精神障害判断基準であるＤＳＭ—Ⅱから同性愛は削除され、ＷＨＯや国際精神医学会も同性愛を「治療」の対象から外している。

（８）日本におけるロマンティッククラブ・イデオロギー

日本において、ロマンティッククラブ・イデオロギーは、西欧から輸入されたと考えられている。前近代において、性愛の典型は、江戸の遊郭にあると考えられていた。しかしそれは、近代の「恋愛」とは異なる「好色《イロ》」にすぎなかった。

明治二〇年代中頃に、「恋愛」という言葉は、英語の love の翻訳語として発明され、ひろまっていった。同時に、人格という概念も翻訳を通じて確立していった。恋愛は「近代的自我」の成立と深い関係をもっている。

「恋愛」という言葉を一躍ひろめたのは、作家の北村透谷である。彼は「厭世詩家と女性」において、「恋愛は人世の秘鑰《ひやく》なり、恋愛ありて後人世あり、恋愛を抽き去りたらむには人生何の色味かあらむ」（北村 1892→1969）という。つまり恋愛は人生の秘密の鍵であり、恋愛があってはじめてひとが存在する。恋愛がなければ人生はなんと味気ないものになってしまうのだろうかと説いたのだ。しかし透谷が考える「恋愛」は、結婚とは両立しない。「怪しきかな、恋愛の厭世家を眩《げん》せしむるの容易なるが如くに、婚姻は厭世家を失望せしむる事甚だ容易なり」（北村 1892→1969）。透谷は後に自殺するが、それはあたかも「近代的自我」にもとづく理想の恋愛と、現実の結婚がはらむ矛盾に耐えきれなかったかのようである。「恋愛」は真実の自己を探求する近代的自我の発露であると考えられた。しかし実際は、「恋愛」は「近代家族」を形成するものであり、結婚と生殖とがセットになったものであり、「近代的自我」とのあいだには、緊張感が含まれている。

このように「恋愛」は、日本でも成立期からすでに矛盾を孕むものであった。この矛盾は、とくに女性の方に顕著にあらわれた。女性は男性と対等なパートナーとなることを求められるようにみえる一方で、家庭に入り夫や子どもの世話をすることが愛情の証として求められたため、多くの女性は、この矛盾に引き裂かれた。高村光太郎の妻智恵子は、前衛洋画家であったにもかかわらず、家庭との両立に悩み、発狂してしまった顕著な例である（黒澤 1985）。

「近代家族」を形成するためのロマンティックラブ・イデオロギーは、大正時代には中産階級を中心に大衆的広がりをみせた。とくに、それまでは問題とされてこなかった女性の「処女性」が求められるようになり、「女が一度男子と接触すれば、血球に変化が起こって、もはやその婦人の純粋のものではなくなってしまう」（川村 1996: 123）というような「血の純潔」を説く科学的言説も、それをサポートした。(3) つまり性行為と結びついた結婚は、生涯に一度限りのものと考えられるようになっていったのである（牟田 1996）。

ロマンティックラブ・イデオロギーは、とくに戦後急速にひろまり、一九六〇年代には、完全に恋愛結婚が見合い結婚を上回るようになる。見合い結婚ではなく、みなが恋愛によって結婚を決めるようになる変化は、日本社会の欧米化の進展の証拠として、歓迎されてきた。しかし、見合い結婚にしろ、恋愛結婚にしろ、結婚と生殖の結びつきは、保たれたままであることの意味を、考えてみる必要はある。

6　母子間の絆の規範＝母性イデオロギー

「近代家族」を形成するためには、ロマンティックラブ・イデオロギーだけではない。母親が子どもを愛すべきだという母性イデオロギーも、大きな役割を果たした。

(1) 母性の不在

「母性本能」という言葉がある。母性は女に、生まれつき備わっているという考え方である。しかしエリザベート・バダンテールの『母性という神話』を読めば、前近代のひとびとの子どもに対する冷淡さに、驚くだろう(Badinter 1980＝1991)。

一七八〇年のパリで生まれる二万千人の子どものうち、母親に育てられるものは、たかだか千人にすぎない。他の千人は、住み込みの乳母に育てられる。残りの一万九千人の子どもは、遠く離れた、雇われ乳母のもとに、里子に出されるというのである。

子どもは現在と違って愛らしい存在、可愛がりの対象であるとは考えられていなかった。とくに上流階級の女性は、授乳などという「動物的な」行為をすることを拒絶した。もちろん、生まれたばかりの子どもに愛情を注がないということは、当時の乳幼児死亡率が高かったことを考えれば、理解はできるだろう。しかしそれにしても子どもに対する無関心は、わたしたちの眼からみれば驚くばかりである。

ヨーロッパだけではなく、日本でも事情は同様である。小山静子の『良妻賢母という規範』によれば、江戸時代に女性に期待されていたのは、よい子どもを産むことだけであり、育てることは期待されていなかったという。むしろ男の子のしつけなどは、父親に任されていたようである。堕胎や間引きという習慣も、わたしたちは貧困と結びつけて考えがちであるが、必ずしもそれだけが原因ではなかった(小山 1991)。

（2）国民と母

しかしこのような子どもと母性をめぐる関係は、乳幼児が将来の「国民」の予備軍であることが、意識され始めることによって、変化していくことになる。軍隊が国家によって専有されるようになるにしたがって国民は、富を生産するだけではなく、国の軍事力を保証するものとなっていく。こうした変化にともない、乳幼児に大きな関心がよせられるようになり、とくに母親が子どもへの世話をすることが規範化されていった。

この変化はまず、乳母による育児の廃止としてあらわれた。母乳による育児、そして母親による気遣いが、子どもには不可欠なものと考えられるようになる。そして、以前には子どもが亡くなっても、涙をこぼすことすら異常だと考えられていたのに対し、子どもが子どもであるだけで価値ある存在、かけがえのない天使であると考えられるようになる。このような変化を促したひとつの原因は、ルソーによる教育の書、『エミール』（一七六二年）である。女たちはこぞって、ルソーの説く「新しい」母親になろうとした。いわば女たちは、「母親」であることを熱心に学んでいくのだが、この時期は同時に、母性は母乳の出る母親だけがもつ「本能」であると考えられ始めたのである。

女たちはなぜ、この新しい「母親」という役割に熱狂したのだろうか。バダンテールは、ふたつの答えをだしている。子どもの教育を引き受けることによって、家族の物質的財産に対する権力と、子どもに対する権力を増大させることができたのだと。家の財産と人間に責任を負うことによって、母親は家庭の中心軸になり、「家庭の女王」として君臨するという力をもてたのである。

（3）日本における母性規範の変遷

日本での母性イデオロギーは、まずは「良妻賢母」規範としてあらわれた。良妻賢母規範という と江戸時代からある儒教規範と思われがちだが、そうではない。「良妻賢母」という言葉も、「恋愛」という言葉と同様に、明治に入ってつくられた。一八七〇年代には賢母良妻といわれ、九〇年代に良妻賢母という言葉に落ちつく。これは、家庭を守って夫を支え、なによりも次世代の「国民」を育成するという、母による教育が大きな位置をしめる規範だった。この良妻賢母規範は、裁縫や家事を中心とした教育、男子に比べれば低レベルの教育を導いたものの、将来の国民を育てる義務があることから、女子にも教育が必要であると女子中等教育の振興・普及に大きな役割を果たしたという（小山 1991）。

母性という言葉自体は、二〇世紀に入ってから、スウェーデンの評論家、エレン・ケイの著作の影響のなかでつくられていった。一九一八年から翌年にかけて、平塚らいてう、与謝野晶子らのあいだで母性主義論争がおこっている。ケイの著作『母性の復興』を訳した平塚らいてうは、女は母になることによって「社会的な、国家的な存在者となる」と主張し、母性を保護することを求めた。

平塚は、「子供というものは、例え自分が産んだ自分の子供でも、自分の私有物ではなく、その社会の、その国家のものです。子供の数や質は国家社会の進歩的発展にその将来の運命に至大の関係あるものですから、子供を産みかつ育てるという母の仕事は、すでに個人的な仕事ではなく、社会的な、国家的仕事なのです。……これはただ子供を産みかつ育てるばかりでなく、よき子供を産み、よく育てるという二重の義務になっています」（平塚 1918→香内編 1984: 108）という。これに与謝野晶子は「私は子供を『物』だとも『道具』だとも思っていない。一個の自存独立する人格者だと思っています。子供は子供自身のものです」（与謝野 1918→香内編 1984: 188）と反論している。が、時代は平塚の「母性」にどちらかといえば味方した。当時の日本社会では、「母性」は新鮮な概念だったのである。

「母性」という語が一般化していく一九二〇年前後は、ロマンティックラブ・イデオロギーの普及期とも重なっている。ちょうどこの時期に一家が夫の給料だけで暮らしていける「家族賃金」が成立し、夫は賃労働、妻は家事という性別役割分業が普及していく。母性イデオロギーも、「近代家族」に適合的な規範だったということができるだろう。ただこのあと平塚は日本初の婦人団体といわれる新婦人協会を設立し、婦人参政権などとともに母性保護を要求したが、その後戦争協力に巻き込まれていく。

戦後は一転し、「母性」は戦争を否定し、「平和」を主張するための根拠となった。一九五四年に行われたビキニ環礁の水爆実験に対して平塚らいてうらは水爆実験反対の訴えを国際民婦連に送り、世界母親大会がひらかれる契機をつくった。それ以後、「生命を生みだす母親は 生命を育て 生命を守ることをのぞみます」をスローガンにして、日本母親大会は開かれ続けている。

母性に関するイデオロギーが更なる転換を迎えるのは、一九六〇年代である。一九六一年、第一次池田勇人内閣の「人づくり政策」にともなって「三歳児検診」が始まると、「三歳までは母の手で」という「三歳児神話」がつくられていく。NHKテレビでは「三歳児」という番組が放映され、女性たちは育児に囲い込まれていった。七〇年代に入っても、母親の育てかたが原因で引きおこされる「母原病」などの流行語とともに、母性規範はさらに強まった。

一九六〇年代は、日本が高度経済成長期に突入した時期である。そこでは、日本の経済成長を支える労働力に視線が注がれていた。この時期の母性イデオロギーの強化は、このような事情と無縁ではない。ロマンティックラブ・イデオロギーが完全には崩れていないもの、揺らぎをみせているのとは対照的に、母性イデオロギーを否定することはなかなか難しい。ただ一九八〇年代の消費社会を通じて、さまざまな育児雑誌、子育てエッセイやマンガが出版され、育児が「楽しいもの」としてレジャー化したことは否めない。子どもの性別に関して、女児を選好する傾向が出て来たのも、このようなレジャー化と無関係ではないだろう。女児を好むのは、男の子なんていつかは結婚相手のものになってしまって「ツマラナイ」から、女の子と「楽しく」ショッピングなどを楽しんで、着飾らせ、近くにいて欲しいという願望からである。母性は、苦しみ、自己犠牲から、積極的な楽しみ、自己実現へと変わったのである。ただし今度は、「楽しいはずの育児を楽しめない」という別のプレッシャーを、女性たちに与え始めたこともまた事実である。

7　家族の集団性の規範＝家庭イデオロギー

まず、「家族《ファミリー》」という用語の変遷から始めよう。家族という言葉が、父親と母親、そして未婚の子どもからなる集団を指すようになるのは、欧米でも一九世紀に入ってからのことにすぎない。それ以前は、家族は、奉公人をも含む集団のことを意味していた。例えば一六〇〇年の用法に、「私は、エクスヤードで、妻と召使いのジェーンと住んでいた。家族は我々三人以外になかった」(Flandrin 1984＝1993: 6) というのがある。それでは、「家庭」はどうだろうか。

(1)　家庭とは何か？

「家庭《ホーム》」は、この「家族」の用法のうち、とくに血のつながりのある小集団的な意味合いを強調した表現である。かつて世帯には、奉公人や下宿人など、さまざまな血のつながりのないひとびと、非血縁員が含まれていた。これら非血縁員を排除した用法が、「家庭」である。

この「家庭」という言葉は、非血縁員を排除し、血縁員によるプライベートな空間を自律的なものと考え、全ての家族成員が愛情によって強くつながることを理想とする点で、まさしく「近代家族」を完成させるイデオロギーといっていいだろう。

(2) 日本における「家庭」イデオロギーの変遷

日本における、「家庭」という言葉もやはり、明治に入ってから広まった翻訳語である。もともとは家の庭を意味する中国語から輸入され、ほそぼそと使われていた。しかし一九世紀末、啓蒙思想家の福沢諭吉たちが発行した『家庭叢談』などの雑誌の発行によって、ホームの翻訳語として定着した。一九〇〇年代には、『家庭之友』や『家庭雑誌』など、「家庭」という言葉がついた雑誌があいついで発行され、「家庭」は流行したのである（牟田 1996）。家庭という言葉には、「ホーム、スィートホーム」といったイメージが貼りついていて、一九世紀の欧米、とくにイギリス中産階級の「家庭」を理想とするものだった。

この「家庭」規範は、日本でも都市の中産階級に、積極的に受け入れられた。それまで女中がこなしていた家事を、主婦が自分で行なうようになり、夫の給料でなんとかやりくりしようとするようになる（千本 1990）。とはいえ当時の人件費は安かったので、非親族員が完全に家族からなくなっていくのは、日本の産業構造のなかで農業がしめる割合が劇的に少なくなる戦後のことである。

第二次世界大戦後は、戦争を引きおこしたような戦前の家族のあり方が、反省された。そして、明るく民主的な「家庭」をつくっていくことこそが、日本社会が平和にむかって歩んでいくことであると考えられた。一九六〇年に行われた国勢調査では、夫婦と未婚の子どもからなる核家族世帯が増加しているといわれ、一九六三年には「核家族」が一躍、流行語となった。この日本の高度経済成長期には、マイカー、カラーテレビ、クーラーからなる〝3C〟と呼ばれる電化製品をもち、公団住宅に住むことが、ひとびとの憧れとなった。経済成長と歩調をあわせた、自分たちの生活を最優先する考え方は、「マイホーム主義」と呼ばれ、この言葉も流行語となって定着した。

（3）「家庭」という言葉のもつもの

それで「家庭」、家族が仲良くする「家庭」とは、本当に理想の家族形態なのだろうか。一九七九年に大平首相がうちだし、八〇年代に導入された一連の政策は、「家庭基盤の充実」政策と呼ばれている。そこで打ちだされた政策は、配偶者控除の引きあげやサラリーマンの妻だけが年金の掛け金を払わなくてもいいという第三号被保険者制度の導入、贈与税・所得税の配偶者特別控除の導入などである。つまり「家庭」は、女性が専業主婦として家にいることによって、団欒が可能になるという「近代家族」のイデオロギーということができる。

近年、夫婦間や恋人間の暴力が、ドメスティック・バイオレンス（DV）やデートDVとして問題化されている。二〇〇一年には、配偶者からの暴力の防止及び被害者の保護に関する法律（俗にDV防止法）が施行されている。また、かつては「しつけ」という名前のもとに行われるため問題化が難しかった親から子どもへの虐待も、「虐待」として批判されるようになってきた。

これらは、皆が仲良くするべきだという「家庭」の規範がうまく働かなかったからおこった問題だろうか。そうではない。逆に「家庭」ではみなが仲良くすべきであって、そうでない「家庭」などあり得ないと考えられたからこそ、「家庭」のなかに実際にある不平等や権力関係を問題化できなかったのである。もし「家庭」をうまくいかせようと思ったら、逆説的ではあるが、「家庭」は平和の王国ではなくさまざまなトラブルや虐待がおこる場所だと認めるべきなのではないか。「家庭」は「現実」ではなく、努力するべき「規範」にすぎなかったのだと認めることによって——もちろんその「現実」を生きているひともいることは事実である——ひとびとが役割をこなす場所ではなく、コミュニケーションによってつくりあげていくものであると考えることによって初めて、それぞれの「家庭」がよりましなものになっていくのではないか。

そして、全ての福祉や感情処理の機能を、「家庭」だけに任せるのではなく、問題が「家庭」の能力を超える場合には即座に他のシステムに依頼できる社会をつくり、「家庭」を社会に開いていくことによって、逆説的にだが家庭は、「親密性」の場としての地位を占めることができるようになるのではないか。社会や地域や国家の介入を許さず、「家庭」を自律的な領域とすることこそが、「自由」を保障するとわたしたちは考えがちである。とくに戦後、戦前の家族国家観を批判し、民主的な日本社会をつくるためには家族を民主化しなければならないと考えた川島武宜らにとって、家族が権力から「自由」であることは重要な課題であった。

しかし「家族」や「家庭」が国家から自立しているということも、幻想である。「家族」はそもそも国民国家によってつくりだされ、国家の管理の単位として機能しており、国家と無縁の場所に存在しているわけではない。権力は「家庭」の外部にのみあるのではなく、実は内部にも存在し得る。そのような当たり前の事実から出発することによって、みえてくる景色はおそらくだいぶ変わるはずなのである。

注

（1）イギリスのヴィクトリア朝は一夫一婦制にもとづいた厳格な性道徳で知られているが、もっとも娼館が栄えた時代でもあった。

（2）セックスを売買するには、かならず売り手と買い手が存在する。近年は、売り手だけではなく、買い手を問題化するために、「売春」という言葉のかわりに「買春」、もしくは「買売春」という言葉を使う傾向がある。

（3）伊藤野枝がこの「科学的言説」を引用していた。また北村透谷自身も、恋愛だけではなく、処女にもこだわって論考を著している。

第二章　システムとしての近代家族

「家族」は社会から切り離されて、あたかも独立した空間のように存在しているのではない。わたしたちの家族はどうあるべきか。わたしたちはいっけん、これを自分たちで決めているようにみえても、想像以上に社会の影響を受けている。

第一に、わたしたちの想像力の問題である。望ましい「家族」像、「家族」とはこういうものだという思い込みは、歴史的、社会的、文化的につくられている。この家族に関する「常識」を疑ってみることは、なかなか難しい。なぜなら、家族ほど「当たりまえ」という言葉に満ちているものはないからである。

第二に、社会的な制度の問題である。わたしたちがいくら自由な発想をもったとしても、それをサポートしてくれる制度がなければ、絵にかいた餅にすぎない。これらの制度とは、法制度などの一般的に使われている意味の制度だけではない。結婚は婚姻届を出すことによって、さまざまな法制度に従うことになる。しかし本来、公の生活とは関係のないはずの家族生活が理由で、他人に悪意に満ちた行動をされたり、不利益を蒙ったり——実際に、離婚をしたという理由だけで、仕事上の取引を断られる女性すらいる。また男性が離婚をすると、企業に管理能力を疑われると、一般にいわれてきた歴史があり、独身、とくに独身女性への嫌がらせは存在している——、有形無形のサンクション（罰）が下されるとしたら、そこにはまた「制度」が存在していると、いうことができる。

第三に、資源の問題がある。仮に制度が存在していたとしても、その制度を有効に使うことができなければ、意味がない。子どもを面倒をみてくれる制度が確立していたとしても、その費用がまかなえない場合、その制度はなかったも同然である。つまり金銭という貨幣資源によって、制度の利用が左右されるのである。家族の形態は、このように家族以外の資源に依存している。もちろんケアに従事することができる人員の数などの家族内の資源によっても、家族は大きな影響を受ける。このような資源は、家族以外の社会システム——端的にいえば、お金を稼ぐ場は家庭の外であるから——の関係によっても決められている。

本章では、現代社会において、家族システムが置かれている状況について検討しよう。家族と他のシステムは、どのような関係をもっているのか。ここでは、国家システム、市場システム、教育システムをとりあげよう。そして、現在の家族システムが孕むさまざまな問題をあらためて検討した後、現在の家族のもつ可能性、またそれを超える可能性を考えてみよう。

1　家族と社会

(1)　教育システム

家族システムと他のシステムの関係を検討するのに、教育システムからはじめるのは、不思議に思われるかもしれない。しかし、家族と教育は密接な関係をもっている。

フィリップ・アリエスは、『〈子供〉の誕生』のなかで、「子ども」という存在が生まれたのは、近年に入ってからだということを明らかにした。それは「子ども」を可愛がる「母性」の誕生と大きな関係をもっている。前近代社会では、「子ども」は、とるに足らない存在だと思われていた。労働力として役にたたない子どもは、何の価値もなかったのである。彼らは役にたたない「小さな大人」にすぎず、五～六歳のうちから働かされていた。実際、当時の子どもの絵像をみると、大人がそのまま小さくされたような子ども像が描かれており、現在のわたしたちの眼からみると不気味ともいえるようなものである。

ところが次第に子どもは、労働力から慈しみの対象となっていく。子どもを産むのは、働き手や跡取りが欲しいからではなく、子どもが可愛いから、子育てそのものが楽しいからであると考えられるようになる。子どもの絵も縮尺が変わり、目も大きく、愛らしく描かれるようになっていく。

子どもは汚れのない天使であり、何も知らない無垢な存在であるとみなされるようになった。だからこそ「白紙」で生まれてくる子どもに教育を施して、「正しい」方向に教え導かなくてはと考えられるようになる。子どもを働かすなどというのはもってのほかであり、子どもは小さいうちは母親に教育され、学齢期になれば学校に収容されなくてはならないのだと。

このように、「母性」と「子ども」と「学校」、つまり「家族」と「学校」は同時に誕生した。さらにいえば、「市場」も「国民国家」も、同時に誕生した。第一章で述べられていたように、子どもに大きな関心が払われたのは、子どもが国家の軍隊を支える将来の財産であると考えられたからである。また国民の「量」だけではなく、「質」も重要であった。教育は、学校教育と家庭教育、両方が必要であると考えられた。

子どもは、軍隊の予備軍であるだけではなく、労働者予備軍でもある。イワン・イリイチは、支払われない非市場的な労働に、市場の陰の仕事、「シャドウ・ワーク」という名前を与えた (Illichi 1981＝1990)。職場に通うために我慢して満員電車で揺られることは、賃金は支払われないが、必要な「労働」である。同じように、教室で我慢して授業を受けること、テストのために勉強することにも賃金が支払われないが、将来優秀な労働者になるために、必要とされる「労働」である。むしろ単調さに慣れ、辛いことを我慢することを教えることが、現在の教育の機能のひとつであるとすらいえるかもしれない。

このような学校教育を、バックアップしているのが家庭教育である。父母は子どもに小中学校の教育を受けさせる義務を背負っている。義務教育だけではなく、高等学校、大学への進学のための費用の負担、そして基礎教育を施すことが、家庭の役割である。そして、おもに女性によって担われる家庭教育、細やかな気配りがあってはじめて、学校教育が生きてくるのである。

また家族システムと教育システムとの関係は、家族が教育を一方的に支えているというものではない。家族にたいしても、教育システムを通じてさまざまな関係が入り込んでくる。例えば学校で子どもが「衛生」について学んでくることで、子どもがメディアとなって、家族に新しい知識がもたらされることがある。とくに移民の家族では、多言語を使い分ける子どもが、学校での学習事項や連絡事項を親に翻訳して伝えることで、親が社会に統合されていくことが多い。教育システムは、家族を社会に統合していくときの装置としても機能しているのである。

(2) 市場システム

市場システムと家族システムとは、密接な関連をもっている。ここでは市場を、「労働力や商品が交換される場」、もっと簡単にいえば、「働いた場合、賃金の支払われる場」というように考える。上野千鶴子は『家父長制と資本制』で、近代社会は家父長制と資本制からなりたっていると考えた。家父長制の領域とは、つまり父親や夫が権力をもつ家族のシステムである。また資本制の領域とは、先に述べたような市場システムである。この家族システムと市場システムが、お互いにお互いのシステムを支えあうことによって、近代社会は動いていると考えられるのである。(1)

市場のシステムの内部では、働くことにより賃金を得ることができる。しかし、家族のなかでいくら働いても、賃金は支払われない。病人の介護をしたり、子どもの相手をしたりといった「労働」は、他人に頼めば高い給料を払わなければならないのに、家族、とくに主婦が行う場合は、「当然」であるとみなされ、「労働」であるとすら考えられない。むしろ、市場では得られないと考えられている、愛情に満ちた細やかな気遣いが求められている。「家事労働」は、支払われない労働である「シャドウ・ワーク」の代表的なものである。

実際、イワン・イリイチが「シャドウ・ワーク」という言葉をつくったのは、「家事労働」という概念にヒントを得てのことである。家事は、市場ではなく家族の領域で行なわれているという理由だけで、賃金が支払われない。経済企画庁経済研究所が二〇〇九年に発表した無償労働の貨幣評価の調査研究によると、女性は一年間に貨幣換算して約一八六万円の家事労働を、無償でおこなっているという(2)。無業有配偶者(専業主婦)の無償労働評価額は年齢平均で約三〇〇万円であり、三〇歳代・四〇歳代前半の専業主婦に限れば、年間四〇〇万円以上の労働をおこなっていることになるが、これらの労働には賃金が支払われてはいない。

上野はこれらの不払い労働が、家族、とくに男性によって搾取されていると考える。主婦は、夫にやすらぎを与え、食事をつくり、身の回りの世話をすることによって、再び市場に出て行く活力を与えている。これが、労働力の再生産である。また、子どもを産み、育てることによって、次世代の労働力も再生産している。さらには、労働市場では働けなくなった怪我人や病人や老人を引き取り、面倒をみるという介護労働にも女性は従事している。

女性の労働が、家庭のなかで支払われていないだけではない。女性はこのような家事労働を担う責任者、つまり「主婦」であるとみなされているために、市場での賃金が低く抑えられている傾向がある。いつかは結婚して家事責任を担い、子どもを産んで育児責任を背負うだろうと予測されるために、労働者としては「二流」であると考えられてしまうのである。従業員規模二〇人以上の企業でも、女性の賃金はおおよそ男性の六割に抑えられてきた。

そして主な稼ぎ手である夫がいるのだからという理由で、主婦の主な職場であるパートタイマーすら低賃金に抑えられる傾向がある。これは、とくに一九八〇年代に進められた専業主婦の優遇策に負っているところが大きかった。例えば二〇〇〇年代前半はまだ、女性の賃金が年間七〇万円を超えなければ、夫の収入から配偶者控除、配偶者特別控除、合わせて七六万円が控除された。しかし、七〇万円を超えた時点で、配偶者特別控除は段階的に減額されていってしまう。さらに一〇〇万円を超えた時点で、本人の収入に住民税が課税され[3]、一〇三万円を超えると、本人の所得に所得税が課税されたうえに、夫が配偶者特別控除も受けられなくなる。一三〇万円を超えると、健康保険や年金などの保険料も自分で支払わなくてはならない。一四一万円をこえると、配偶者特別控除が、全くなくなってしまう。極端な話をすれば、一四一万円を超えて妻が働いた場合と、一三〇万円以内に抑えた場合では、世帯の収入が逆転してしまうということがあり得たのである。

さらに企業の多くは、配偶者手当を賃金制度として設けていたが、これも妻の所得によって受給制限をおこなっているところが多かった。これらの配偶者手当は、今では廃止されているところが多く、配偶者特別控除の上乗せ分も廃止されている。また民主党政権下で子ども手当が導入されたことにともなって、配偶者控除の廃止も検討されており、先行きは不明である。このような制度は、改変が激しいものであるが、女性が家庭で家事責任を担うという考えかたによって、おおきく決定されてきたことは間違いがない。

パートタイマーと正社員の格差は、ヨーロッパなどではかなり是正されつつある。日本では、差別的待遇の解消にはほど遠いといわれている。むしろ現在では、男女の性別を問わず、正社員と非正規社員との待遇の差が拡大する傾向にある。平成一三年（二〇〇一年）度の内閣府による『家族とライフスタイルに関する研究会報告』によれば、短大卒の女性が、二七歳で出産退職し、三三歳で復職したと考えた場合、正社員で七二〇〇万円、パートタイマーの場合だと一億八六〇〇万円の収入を逃すことになると試算されていた。

そのような主婦の状況がある一方で、多くの男性は妻に全ての家事をまかなってもらうことを前提として、過重な労働をしいられてきた。働きすぎによる過労死は、このような主婦のありかたの裏返しの現象だった。またおもに男性だけが家計を支えている場合は、リストラなどによる解雇や不慮の事態にとても弱い。また男性のアイデンティティ自体も、家計支持者であることに深く依存しているので、職を失うことは金銭的な基盤を失うだけではなく、社会的な地位を失ったという喪失感にもつながっている。リストラを苦にした自殺などは、日本では自殺にも保険金が支払われていることに加えて、このような理由からおこっている。

一家の家計を支えるだけの収入を求めるため、職をみつけることのできない男性、低賃金パートタイム労働に甘んじている大部分の女性がいるにもかかわらず、一部の男性は長時間労働にあえいできた。このように日本社会市場での労働が不均衡に配分されてきたことは、家庭内の性別役割分業とそれを支える制度とに関連していたのである。

(3) 国家システム

前項でみたように、経済的なシステムと家族のシステムは密接な関連をもっている。とくにひとびとの働きかたや労働条件は、税制や年金制度といったシステムによっておおきく規定されている。学校教育も、国家によって統制されている。このような事実を考えてみると、国家は「中立」的存在ではあり得ない。国家は家族を統制し、また特定の家族形態を選択したひとに利益がもたらされるような社会システムをつくりあげている。

国家による家族の統制には、どのような例があるだろうか。近代国家となった明治政府がまずおこなったのは、堕胎の禁止である。兵隊として重要な国民の数を増やすためである。戦後、「優生保護法」が制定されたが、これは障がいがあるなど国民として「優良」と認められない胎児の中絶の許可が目的だった。しかししだいに経済状況が逼迫してくると、貧しくて育てられないという経済的理由での中絶が、認められる。今日、堕胎罪はいまだ存在するもののいちおう中絶が行なわれているのは、母体保護法に受け継がれたこの経済条項のお陰である。

このように国家は、国民の「量」や「質」を統制しようとし、女性の身体を媒介とすることで、家族に介入してくる。アメリカでは末期ガンに侵された女性が、本人や家族の意思を無視して裁判所によって帝王切開を命じられ、六ヶ月の胎児とともに死亡した（Koontz 1992＝1998: 187）。これは遠い過去の話ではなく、一九八八年のことである。その一方で、中国では長く一人っ子政策がとられてきて、家族は子ども数を決定することができなかった。第三世界では大規模に人口政策が行なわれ、女性は第一世界では禁止されている避妊薬を使わされたり、強制的に不妊手術を受けさせられたりしてきた。

特定の家族形態の優遇に関しては、日本では、夫が働き、妻が専業主婦（低収入パートタイマー）の場合、手厚い保護を受けていることを先に述べた。しかし三組に一組の夫婦が破綻するなか、このようなシステムは、離婚によって、女性を苦境に追いやることになっている。

シングルマザー世帯は、半数以上が税込み年収一〇〇万円から三〇〇万円以内で、生活している。国民生活基礎調査によれば、二〇〇六年度における離婚母子家庭世帯の年間所得は平均二一一万九千円である。調停で離婚の際に夫から慰謝料や養育費を受け取っているひとは六割にすぎない。約束した養育費を払う夫は、実際には二割程度である。このようななか、児童扶養手当はシングルマザーの命綱であり続けてきたが、女性が経済的に「自立」するほうが望ましいという理由で、二〇〇二年の母子寡婦福祉法の改正によって、児童扶養手当を五年間以上受給してきた世帯において二〇〇八年から最大半額の減額が定められた(4)。

しかし多くのシングルマザーは、パートタイムを「フルタイム」で働くことによって、生活を成り立たせてきた。労働市場の改革のためには、専業主婦のみを優遇する諸制度を改め、労働市場を流動化させ、男性の世帯主に妻や子どもの取り分を含めた「家族賃金」を出すのではなく、どのような家族形態を選択しようとも、労働者は労働者個人として評価されるという、シングルを基本とした社会システムの形成が必要となる。ただし多くの女性が、専業主婦を前提とした社会のなかで専業主婦を「選択」してきているため、急激な制度の変更が困難であるのもまた事実である。結婚が破たんさえしなければ、専業主婦は「優遇」さえされているといわれているからである。

年金ひとつにしても、離婚によって女性は打撃をうけてきた。年金は夫婦単位で考えられ、ふたりに支給されることが前提となっているために、離婚した女性は夫に支払われる厚生年金を受け取る権利を失ってしまっていた(5)。パートタイムで働いていたとしても、パートタイムの女性の多くは厚生年金に加入していないため、国民年金を受け取るしかない。

しかもこの国民年金のシステムも、不公平であるという指摘がなされている。というのも、サラリーマンの妻の専業主婦の年金（第三号被保険者）は、厚生年金がまとめて負担し、サラリーマンの妻で一三〇万円以下の収入しかない者は、保険料を納める必要がないからである。結果として、自営業の妻や働いている女性だけが負担することになっている(6)。

また同じシングルマザー世帯のなかにも、制度的な差別がある。例えば夫と離婚したり死別したりした場合は、寡婦控除として年収のうち二七万円から三五万円が所得税から控除されている。しかし初めから結婚していない非婚のシングルマザーに対しては、同じ状況にありながら寡婦控除は適用されない。

このように国家は、特定の家族形態を基本として社会を作りあげている。ジェンダー構造もこのようなシステムのなかで再生産されている。例えば、フランスの教育社会学者マリー・デュル＝ベラは、『娘の学校』という本のなかで、現行の制度を前提とすれば、性別役割分業を選ぶことが個人にとって「合理的」な選択になり、同じ制度が再生産されることを、明らかにしている。つまり現状では、「女の子はどうせ結婚するのだから」と、娘には学業成績を期待されてはいない。一心不乱に勉強するよりも、教養をつけ、妻として、母として、恥ずかしくない存在になって欲しいと期待する。成功の見込みが少ない理系などに進学して、男性との競争のなかで専門職をめざすよりも、「お嬢さん学校」に行って、男性の相応しい結婚相手となることをめざすほうが、「合理的」にみえる。いずれにせよ女性たちは、いずれは結婚して、妻や母としての家庭責任が生じることを念頭におきながら、行動する。女性の賃金は労働市場では低く抑えられ、家庭との両立は配慮されていないのだから。結婚した後は、社交によって夫のネットワークを支え、母親として知識をいかしながら子育てをし、結局は同じような構造が再生産されるという結果になるという（Duru Bellat 1990＝1993）。

これらの制度は、とくに一九九〇年代から変化しつつある。しかしいずれにせよ、家族は国家と市場や学校といったシステムと深く連関していることは間違いない。どのような制度が「公正」な制度なのか。家族システム内部の改革だけではなく、家族や国家や市場といったシステムを再編するときに、きちんと考えられることが求められる。

2 「家族」からの解放

以上のことから、わたしたちが知っている「家族」は、教育システム、市場システム、国家システムなどの他のシステムと、密接な関係をもっていることがわかったと思う。結局、「家族」を考えるときには、他の社会システムのことを考えざるを得ないのである。

この節は、「家族」からの解放について考えてみたい。自分は現状で満足しているのに、なんで解放されなきゃいけないんだ、と思うかもしれない。「家族」がなくなってしまったら、大変じゃないか、とも。

しかし、待って欲しい。「家族」にはカッコがついている。これは「そうでなければならない家族」、「当たりまえだと思われている家族」、つまりは第一章で検討した「近代家族」の「規範」のことを意味している。ある特定のライフスタイルを取らなければ、あきらかに損をする社会、差別される社会、やっかいな問題に巻き込まれる社会というのは、やはり不平等ではないだろうか。現在の「家族」のもっている問題について考えてみよう。

（1） 生殖医療と「家族」

結婚して「家族」をつくる目的のひとつは、おそらく子どもをつくることだろう。別に結婚せずに子どもを産んでもいいが、日本の婚外子出生率は第一章でも言及したように、二パーセントほどである。多くのひとは家族の枠内で子どもをつくっている（より正確にいえば、「できちゃった結婚」は順番が逆であり、結婚前に子どもができたために結婚する。こういった層は、若い世代であればあるほど多い）。

ここ数十年間、少子化が嘆かれているが、現実に夫婦は子どもを産まなくなったわけではない。結婚しているカップルが平均二人の子どもを育てるべきだという規範は、あいかわらず強い。結婚持続期間一五年から一九年の夫婦の平均出生子ども数である完結出生児数は、減ったとはいえ、二〇〇五年の二・〇九人である（国立社会保障・人口問題研究所 2005）。少子化の原因は、みなが結婚しなくなったこと、つまり未婚化にある。日本社会ではこれまで、結婚して子どもをもつか、結婚しないで子どもをもたないかのふたつの選択肢しかなかったといってよさそうである(7)。

妊娠可能な年齢の男女が、普通に性生活を営んでいるにもかかわらず、一年たっても妊娠しない場合、医学的には「不妊」とよぶことになっている。この定義によれば一〇組に一組以上のカップルが、不妊と認定されるという。わたしたちは、子どもは欲しいときにいつでももてるものだと思っている。「家族計画」という言葉があるように、妊娠・出産は計画して自分たちで決められるものだと考えている。しかし避妊が完璧に行なわれない以上に、望んだからといって妊娠するとは限らないのだ。これは結婚年齢があがっていること、そして結婚してもすぐに子どもをつくらないひとたちが増加していることなども関係しているといわれている。事実、二〇歳代前半の女性の出産数よりも三〇歳代後半の女性の出産数のほうが、はるかに多い。

二〇〇五年度の日本産科婦人科学会倫理委員会内登録調査小委員会報告によれば、二〇〇四年度に、体外受精や顕微授精のように卵子と精子を体外で受精させる医療技術によって生まれた子どもは一八一六八人であり、その年の総出生児数の一・六パーセントにあたるという。六五人に一人が生殖補助医療技術によって生まれてきているという計算になる。

不妊治療の技術の進展によって、生殖の過程が切り離されることで、「家族」の概念自体が、揺らがざるを得なくなっている。人工生殖には、配偶者とのあいだに行なわれるものだけではなく、夫以外の精子を利用する非配偶者間のものがある。この場合は、法律上の父親と精子の提供者である生物学的な父親とが異なる。また体外受精では、第三者の卵子や精子を使って妻が出産する、不妊夫婦の受精卵を第三者の女性である代理母に産んでもらう、また代理母に卵子も提供して貰って産んでもらう場合もある。

このように受精と妊娠と出産が、バラバラに切り離されることによって、生物学的な母、出産する母、法律上の母、社会的な母とが、また、生物学的な父、法律上の父、社会的な父とが、一致しないことが出てきた。そのことが問題になった最初の有名な例が、ベビーM事件である。この事件では不妊の妻のかわりに、代理母が本人の卵子と夫の精子とを使って子どもを産む契約に同意したのだが、出産後子どもの引渡しを拒んで裁判になった。

このような生殖技術の進展は、以前は考えられなかったような「家族」の概念の混乱をもたらしている。娘の卵子を使って母親が子どもを代理出産する、姉妹から卵子を譲って貰って自分が子どもを出産するということは、日本でももうすでに行なわれてている。この場合、自分が産んだという意味では母でありながら、生物学的には祖母でもある、また自分が産んだ子どもが生物学的にはいとこでもあるといった親族カテゴリーの重複がおこっている。

現在の民法はこのような事態を想定もしていない。とりあえず出産した人間が母であると定められている。したがって他人の卵子を貰って産んだ場合、遺伝子上は他人の子どもでも法律上の親になるが、自分の卵子を提供して産んで貰った場合、母親は分娩した女性となる(8)。また死亡した夫の精子による冷凍受精卵による妊娠の場合、夫を生まれる子どもの法律上の父親にすることはできない。離婚後三〇〇日以内に生まれた子どもは前夫の子どもと推定する嫡出推定に関しても、技術が進歩してDNA鑑定によって親子関係を推定することが容易になったという現実と法律とがそぐわなくなった。生殖技術の進歩は複雑な問題をつくりだしている。

また生殖医療がビジネスとして成立しているため、さまざまな倫理的な問題がでてきている。精子や卵子を売買したり、子宮を貸したりしていいものなのか。そこで金銭の授受が起こっていることをどう考えるのか。また健康被害の問題もある。思ったような子どもが生まれなかったときどうするのか。子どもを「デザイン」することは許されるのか。知らないうちにたくさんの生物学的なきょうだいが、生まれて大丈夫なのか、などなど。また生まれた子どものうち、思春期には、「本当の」親を知りたいと、アイデンティティの危機に陥った子どもには、どう対処すればいいのか。

さらに、冷凍卵子や精子、受精卵の扱いの難しさがある。亡くなった夫や妻の子どもを産むことも、理論上は可能である。極端な話、両親が亡くなっているにもかかわらず、誕生する子どもということも考えられる。またこれらの卵子や精子や受精卵は、人間なのか、そうでないのか。受精卵を廃棄することはどういう意味をもつのか、実験に使うことは許されるのかという倫理上の問題も存在している。

生殖技術の進展は、「家族」とはなにかという根本的な問題をわたしたちに突きつけている。

(2) 運命としての「家族」の不平等

「もしもよそのうちに生まれていたとしたら」。そう心のなかで呟いてみたり、親に悪態をついてみたりしたことのあるひとはいるはずだ。そんなことを考えたこともない、というひとは、とても幸運なひとである。実際には、「もしも」と想像したりするけれど、そのことを後ろめたく感じたり、おおっぴらにはいえないと思ったりしたあとで、「やっぱり何といっても、自分の家族は自分の家族だものなぁ」と納得したり(しようとしたり)する。それが大部分のひとの、家族の経験だろう。

ひとがどの家族に所属するか、それは運命としかいいようがない。親を選択することはできない。家族は、そのひとに才能があるからとか、お金もちだからとかいう理由で愛するのではない。他人からみればどうしようもない人間でも、そのひとがそのひとであるという理由だけで愛する。それが「家族」というものだ。……と、少なくとも信じられている。しかし、「もしも違う家族に生まれていたら」という問いは、そんなにいけない問いだろうか。

近代社会では、私有財産制度を取っている。この制度のもとでは、親の財産は子どもによって相続される。親からどれくらい財産を相続できるかは、どの家族に生まれるかによって、ある意味で決められてしまっているのである。しかしそれだけではない。

ピエール・ブルデューは、『再生産』で、社会階層や社会構造の「再生産」のメカニズムを解きあかし、そのときに経済資本だけではなく、文化資本が関わっていると考えた（Bourdieu & Passeron 1970＝1991）。経済資本というのは、一般にいわれる金銭的な資源のことだが、文化資本というのは育てられる過程で身につける教養のようなものである。高い文化資本をもっている子どもは、学校での選別をうまくやり過ごすことができる。結果として高い文化資本をもっている親の子どもは、親と同じような高い階層にたどり着くという仕組みである。このように考えれば、例え直接に遺産を相続しなかったとしても、どの家族に生まれ落ちるかによって間接的にも親から遺産を相続している。

家族は最初に生まれ落ちる集団である。そして、事実上この集団は周囲から閉ざされている。家族は、他のシステムから切り離されたプライバシーの領域として存在しているのである。第一章でも述べたが、このことが夫婦の間の暴力を行使させるひとつの条件になっている。親子のあいだもそうである。たまたま生まれ落ちた家族関係が過酷であったとしても、子どもには何の選択の余地もないまま、その関係に投げ込まれる。

「虐待の連鎖」という言葉がある。これは、虐待されて育った子どもが親になったときに、自分も虐待するということを決して意味しない（それは偏見である）。ただ虐待する親の側が、自分自身も虐待の被害者であることは多い。だからといって身体的・肉体的な暴力は正当化されないが、ひとは愛し方、コミュニケーションの仕方を親から学ぶのである。もちろん、ひとは家族だけではなく、地域や学校や親族集団などでさまざまな友人や大人に出会うから、どのような親をもったかによって、子どもの人格が決定するかのように考えるのは誤りである。親の役割を果たすのは、必ずしも生物学上の親だけであるとは限らない。しかしきょうだい数が減り、横の親族ネットワークが衰退している現在、親の比重が高いことは否定し難い事実でもある。不平等の問題は、階級や階層の問題として捉えられてきたが、さらに「家族」の問題として扱う枠組みを、わたしたちはつくりあげていく必要がある。

（3）「家族」をつくる「権利」

わたしたちはどのような家族に生まれ落ちるかを、決められないだけではない。「家族」をつくりたくても、なかなかつくれない人もいる。

　まず外国人の場合、日本人男性と外国人女性の組み合わせの場合、比較的容易に女性の日本への滞在許可が降りるようである。しかし外国人男性と日本人女性の場合、とくに男性が「発展途上国」出身者である場合には、滞在許可が降りるまで何年もかかるという場合も珍しくない。また婚姻を解消し、離婚した場合、子どもがいても外国人の滞在許可が取り消されることもある。また実際に、離婚したら日本にいられなくなるのではないかという恐れから、暴力的・不平等な関係に耐えている外国人、とくに女性は多い。

　しかし、これが外国人の同性とのカップルであった場合は、さらに困難な事情がおこるだろう。わたしたちは、一対の男と女の組み合わせだけが正しいとされる「強制的異性愛」の世界に生きており、日本では同性愛者同士の結婚は認められていないからである。同性愛者の結婚が認められる国や州は多い。またフランスのように結婚に準じる連帯市民協約（ＰＡＣＳ）を結べる国もある。これは法律婚をしなくても、ＰＡＣＳを結んだふたりは共同納税者となり、お互いに経済的に助け合い、二年経てば、条件付きで法律婚夫婦と同じように贈与税や相続税の軽減措置も受けられる。いわば結婚前の保障された同棲のようなものであるが、男女の間に限ってはいないところが特徴である。

　しかし「家族」という制度がさまざまな差別や窮屈さをもたらしているのだったら、結婚の範囲を異性愛カップルから同性愛カップルにまで拡大し、「結婚」に準じる制度をつくっていくことは、カップル主義を強め、結果として「家族」という規範を強めることになってしまわないだろうか。同性愛者のなかにも、意見の一致があるわけではない。結婚制度に取り込まれてしまうといって、これを拒否する声もある。しかし選択の自由は、選択肢が与えられてからこそ、生きていくものでもある。親密な相手の国に滞在する権利、財産をともにする権利・相続する権利（共同名義で住宅のローンが組めなかったり、相手がなくなったらすぐに、同居していた住宅を追い出されるようでは困る）、相手が病気になったときに治療方針を説明してもらったり、面会したりなど親族に準じる扱いをしてもらう権利は、誰に対しても保障される必要がある。それを「結婚」と呼ぶのか呼ばないのか、どのようにその「権利」を保障していくのか、その「権利」の行使と市民権がどのように関係していくのか、「権利」を行使しない「権利」はどのように存在しているのか、そういったことをつねに吟味し、考えながら、実践を積み重ねていくしかないだろう。

「結婚して一人前」というような価値観のあるわたしたちの社会では、例えば介護が必要な障がい者が結婚するにあたって、反対にあうことが多い。「家族」による介護が当たりまえだとされているため、障がい者と結婚することによる負担を心配されることもある。さらに「結婚して一人前」というような価値観のために、過剰に「結婚」や「家族」に同一化して夢をもつことによって、そこにある権力関係がみえにくくなることもあることが指摘されている（安積 1999)。

「家族」は、ある特定の関係だけに特別の配慮を要求する制度である。「結婚した男女が子どもをもち（ときに祖父母と同居し)、夫が賃労働をし、妻が家事労働をする家族」だけが「普通の家族」

で、それ以外のライフスタイルを選択する人たちを抑圧する制度でもあるといえる。しかし、その制度に入ることすら許されないひとがいることは、また別の問題だ。誰にでも親しいひとと生活をともにする権利を確立しつつ、どのようなライフスタイルをとっても不利益にならない社会制度の構築が必要とされている。具体的には、税金や年金による特定のライフスタイルの優遇を廃止し、これらの制度をシングル単位にすることや、家事や育児、介護サービスの充実、とくに子どもや老人や障がい者といった特別なケアを必要とする人たちのための、もしくはケアするひとを助けるサービスが提供されることなどである。このような制度を構築していくことによって、唯一正しい「家族」の姿はどのようにかわっていくのだろうか。それはわたしたちの手にゆだねられている。

注

(1) 実際には、近代社会における重要なアクターとしては、市場と家族以外に国家を無視することはできない。日本社会でも近年進行中の「市場至上主義」が、実際には国家による規制緩和などのさまざまな政策によって作りだされていることからも、それは明らかだろう。

(2) 無償労働をおこなうために、市場に労働を提供することを見合わせたことによって失った賃金(逸失利益)で無償労働の貨幣評価額を決定する機会費用法によって算出した場合。この方法は誰が無償労働をおこなったかによって評価が変わってしまうため、男女の賃金格差が反映されてしまうという問題がある。他の評価推計のための方法としては、代替費用法(スペシャリスト・アプローチ、ジェネラリスト・アプローチ)などがある。

(3) 住民税の均等割の非課税限度額の違いにより、一〇〇万円、九六万五千円、九三万円など異なる。

(4) ただし、受給者が申請すれば「五年等経過者一部支給停止」の適用除外となるという政令改正が、二〇〇七年になされた。

(5) 二〇〇七年には、離婚時の老齢厚生年金の分割が可能になった。世帯単位から家族個人単位へとさまざまな制度が変更されてきている。これは望ましい変化ではあるが、離婚後の貧困を国や自治体といった公の制度に頼られるよりは、夫婦という私的な領域で解決することを促すという意味では、新自由主義的な政策であるという側面もある。

(6) ただし国民年金は少額であるため、きちんと自分で厚生年金を掛けたほうが「得」であるという判断もあり得るだろう。

(7) ただ結婚持続期間一五年から一九年の夫婦で子どもをもたない割合は、従来三パーセント台だったものが、二〇〇五年にはじめて五・六パーセントへと急激に増加している（国立社会保障・人口問題研究所 2005)。

(8) 二〇〇九年には母親に代理出産してもらって生まれた子どもが、遺伝子上の母親である娘夫婦の特別養子となることが、裁判所に認められている。

第三章　日本型近代家族の変容

本書ではここまでで、近代家族の規範がどのように成立してきたのか、システムとしての近代家族が、近代社会において他の社会システムとどのような関係のもとになりたっているのかを概観してきた。本章では「日本型近代家族の変容」について検討しよう。そのことはつまり、第一に「近代家族」とは何であったのか、第二に「日本型」近代家族とは何なのか、第三に近代家族はどのような「変容」を遂げているのかという三点をあきらかにすることである。

1　近代家族とは何か

第一章では、ショーター、山田昌弘、落合恵美子、西川祐子など、さまざまな論者による「近代家族」の定義を紹介してきた(1)。これらの近代家族の定義は、論者の数だけ存在するだろう。例えばストーンは、『家族・性・結婚の社会史――一五〇〇年〜一八〇〇年のイギリス』において近代家族の特徴として、近隣関係と血縁関係を犠牲にした家族の核心を中心とした強烈な情愛的絆があること、幸福を追求する個人の自由に対して強い個人的自律性と権利の感覚があること、性的快楽と原罪あるいは罪の意識との結びつきが弱まっていたこと、身体的プライバシーに対する願望が高まっていたことの四点をあげている（Stone 1977→1979＝1991: 3-4）。また落合恵美子は『二一世紀家族へ――家族の戦後体制の見かた・超えかた』（一九九四年）で、近代家族のメルクマールを、女性の主婦化、二人っ子化、人口学的移行期における核家族化の三点に変更している。

ここでこれらさまざまな論者の「近代家族」の定義を紹介し、定義を積み重ねていっても、あまり有益であるとは思われない。なぜなら社会学において概念とは、対象によりよく近づき、切りとるための「道具」にすぎないのであり、近代家族をどのように定義するのがよいのかは、家族の何をどのようにみたいのかという論者の問題関心によって、当然変わってくるからである。

わたし個人としては、西川祐子による「国民国家の単位」というシンプルな定義が一番自分の問題関心に近い。なぜなら第二章でも概観してきたように、近代家族というシステムが、近代社会のほかのシステム、国民国家や市場や学校といったシステムと同時に、それらシステムとの関係において作りあげられてきた点が重要だと思われるからである。「近代家族」という概念は、わたしたちが慣れ親しんでいる家族がある特定の「近代」という時代につくられた歴史的な存在であるということを明らかにしただけではなく、家族以外の「近代」社会システムと「近代」家族がどのような関係があるのかを明らかにする糸口を教えてくれた。なぜならとくに家族社会学において家族は、それまで「自然」な「感情」にもとづいた「集団」であると考えられ、「家族集団」そのものが単独で考察の対象とされていたため、他の社会システムとどのような関係を作っているのかはあまり問題にされてこなかったからである。

ここでは暫定的に近代家族を、「政治的・経済的単位である私的領域であり、夫が稼ぎ手であり妻が家事に責任をもつという性別役割分業が成立しており、ある種の規範のセット（「ロマンティックラブ」「母性」「家庭」イデオロギー）を伴う」という三点から定義しておきたい。「政治的・経済的単位である私的領域」は、「国民国家の単位」とほぼ同じ意味であるが、第二の性別役割分業の成立を重視する意味については、男性だけが稼ぎ手であるという近代家族の前提が家族以外のシステムに与えた影響を重視したいからである。

このような家族のありかたの前提が、経済的に女性の就労を家計補助的なものとし女性の賃金を抑制しただけではない。政治的にも男性世帯主は一家を代表するからこそ、「市民」（実際には「国民」）として政治的権利を行使できると考えられた。近代社会において女性は結婚して夫の庇護下にはいることによって、政治的経済的権利を失ったという意味で、近代における女の解放の問題は、家族の問題に直接に関係しているということができるだろう。第三の規範のセットに関しては、これらの家族をつくったり、維持したりする際に、「愛情規範」がもちだされ、正当化されたことが、それ以前の時代とは大きく異なっていると考えられ、それが近代家族に特徴的だからである。いずれにせよ、この三つの点において、一九九〇年代以降、近代家族がどのように揺らぎ、変化していったのかは後にあきらかにしよう。

2 日本型近代家族とは

「近代家族」という概念は、日本では落合恵美子の「〈近代家族〉の誕生と終焉」論文によって一九八五年に本格的に紹介された。その衝撃は大きなもので、家族社会学においては近代家族論の評価をめぐって、論争までおこっている。しかし今から振り返ってみれば、「近代家族」という概念は矛盾に満ちた受容をされていた。

落合が「近代家族」という概念を日本に紹介したときに揺さぶったのは、わたしたちが当時「当たり前」だと思っていた家族の自明性、日本に住むわたしたちの「近代家族」の経験に違いない。しかし、この「近代家族」という概念――性別役割分業に基づき、近代社会の最小単位とみなされ、ロマンティックラブ・イデオロギーや母性愛、家庭の親密さに彩られた「近代家族」――を受容する際には、わたしたちは日本における自分たちの実際の近代家族の経験を念頭におきながらも、「近代家族」は「欧米」に固有の存在であり、少なくとも「欧米」出自の存在である何物かであると、想定してもいたのである。

これには「近代家族」という概念自体が、アリエスの『〈子供〉の誕生』などを代表とするフランスのアナール学派を中心とする社会史研究によって支えられていたこと、「近代家族」という言葉そのものを用いた著作として、アメリカのショーターの『近代家族の形成』などが想起されていたこと、欧米以外の近代家族論は紹介されなかったことなどの要因があるかもしれない。しかし何よりも一九八〇年代の当時、「日本の近代」をめぐる捉え方は、戦後の社会科学のパラダイムのうちにあったことが大きい。つまり日本の近代は、「前近代的」であり、「封建的」であり、なおかつ「特殊」であるから、「欧米」の「近代」とはまったく異なると考えられることが多かったのである。(2)

つまり当時は、「欧米」こそが「近代」であり、日本社会が本当に欧米と同じような「近代」社会なのかどうかに関しては、疑問符がつけられていた。日本の近代は、欧米に比べれば、「前近代的」であり、「封建的」であり、「特殊」であり、ときには「ジャパン・アズ・ナンバーワン」になるほど「ユニーク」な、何か異なったものであると考えられていた。であるから、近代家族論にそくしていえば、「欧米」の「近代家族」は「欧米」に固有の存在であり、日本の社会はまた事情が別であるとも考えられていたのである。とりわけ日本の家族について考える際は、日本社会の「前近代性」や「特殊性」を表象するとされてきた「家」の存在が大きい。日本の家族は日本に「特殊」で「前近代的」な「家」であるという強固な信念と、日本の家族もまた「欧米」のような「近代家族」として把握できるという立場は、厳密にいえば両立しないからである。

さらにいえば「近代家族」という言葉は、アナール学派などの社会史に由来する言葉として導入される以前から、市民社会論と呼ばれる分野における川島武宜らによる独特の用法があった。ここではそれを、社会史に由来する「近代家族」と区別して、〈近代（的）家族〉と表記することにしよう[3]。ここでいう〈近代家族〉とは、理想化された欧米の家族像を指し、「家」のように「制度」によってつくられたものではなく、家族成員お互いの愛情で結びつけられた、「自由」で「対等」で「民主的」な家族の像である。

結婚した女性の法的無能力が定められた集大成がフランスのナポレオン法典であることは有名である。先に述べたように、近代において女性は結婚して夫の下に従属することによってすべての権利を失った。そもそも家族の「役割」が、性別や年齢によってあらかじめ決められていながら、「自由」で「対等」な「民主的」な関係がつねに成立すると考えることは、論理的に矛盾している。つまり〈近代家族〉は、近代においても欧米にすら実現されたことのない、ある意味で「虚像《フィクション》」にすぎないのであり、日本においてはこの虚像としての〈近代家族〉を念頭におきながら、「封建的」で「前近代的」な日本の「家」という表象が、とくに第二次世界大戦後に遡及的につくりあげられていった。

ある意味で〈近代家族〉は、欧米のかくありたいという理想的な自己像であり、日本はそれを受け入れ、鏡として「遅れた日本」、もしくは「伝統的な日本」という自己像を描いてきた。このときにその象徴とされた「家」を、「近代家族」論とどのように接合すればいいのかという課題が存在したため、日本における近代家族論はなかなか進展しなかったといっていい。

この「近代家族」と「家」の関係について正面から問いを投げかけたのは、落合論文からようやく約一〇年後の、上野千鶴子によってである。「日本の家は近代の発明品である」。上野千鶴子はこのようなテーゼを打ち出し、『近代家族の成立と終焉』（一九九四年）において、日本の「家」を「近代家族」の文脈で論じた。上野の「家」概念は、次のようなものである。

「家」制度は、少しも「伝統的」な「封建遺制」などではなく、近代化が再編成した家族、すなわち近代家族の日本型ヴァージョンであった。（上野 1994: 75）

上野は明快に、「家」制度はそのまま近代家族の「日本型ヴァージョン」であるという。この上野が想定する「家」制度は、明治民法などを含む明治以降の家族政策を指しているとしたら、この指摘は正しい。ただし上野は、「家」が明治民法の制定による明治政府の発明品であることを明らかにしたことは、「近年の家族史研究の知見」（上野 1994: 69）であるという。これはいささか勇み足だろう。明治の「家」が江戸時代の「家」とは異なり、江戸の「伝統」から「逸脱」し、「歪曲」され、「人工的」につくられたものであるいう指摘、つまり「家」は近代における伝統の「創造」であるという指摘は、法制史の分野では常識に属しているからである。もちろん、「家」が「近代家族」の文脈では論じられてこなかったという意味では新しいが、「家」は明治における家族政策に還元できるような単純な概念ではない。

小山静子は上野の「家」理解に関して、「上野千鶴子も西川祐子も立論するにあたって、『家』は封建遺制とみなされてきたという前提に立っていたが、わたしは少なくとも研究上は、このように単純には論じきれないと考えている」（小山 1994: 75）と指摘しているが、この意見にわたしも賛同する。戦前は、家族といえば家に属する者、すなわち家族成員を指していた。明治民法においては、家長に帰属する家族成員が家族、今日 family にあたるものが「家」と呼ばれていた。いわば「家」は、今のわたしたちの語感でいう「家族」にあたるものにすぎなかったのである。「家」が封建遺制とみなされるようになったのは、戦後になってからのことである。(4)

このような上野の理解による「家」制度が、一八九八年に成立した民法を中心とした法制度や国家政策を指しているとしたら、「家」概念のなかに国家政策を支えるイデオロギーや民法下の国民の生活が含まれることになる。こう考えた場合、上野の立論はひとつの問題を呼びこんでしまう。それは、上野自身も「家」制度とは「違う」と認めている「習俗の中の家」――従来「いえ」と呼ばれていたもの――が、どのようにつくられてきたのかが全く問えなくなってしまうことである。

落合恵美子の問題関心は、この法制度に回収されない「家」のほうにある。落合は西川祐子の国民国家を重視する近代家族の定義を退け、「そもそも社会史の登場は、身近な人間関係や感情などに注目する概念を打ち出すことで、つい最近まで支配的だった政治史や経済史中心の史観に異を唱える意味があった。せっかくその道が開かれたのに、なぜまた天下国家の歴史に戻ろうとするのか」と批判し、近代家族の定義に近代国家をもちだすことによって、「近代家族論のもっとも魅力的な部分が削ぎ落とされてしまうのではないか」（落合 1996: 39）という懸念を表明している。そのうえで、上野の説を「家＝近代家族」一元論と呼び、自身は「家」と「近代家族」というふたつの概念を別のものとして残し、それらの間の相互作用を論じる「二元論」の立場をとるという。「『家』が『近代家族的』になることはあるが、家系の連続性の観念のような『家』の最も根本的な性格は『近代家族』には無縁なので、『家』は『近代家族』には解消できないからである」（落合 1996: 44）。

ここで落合は「家」を「家系の連続性」を根本的な性格としてもち、「『近代家族』には解消できない」ものとして捉えている。またウーマンリブ世代の女性たちが歴史上もっとも高い比率で専業主婦になって近代家族の完成をめざしたのも、「家からの解放」と「家族からの解放」という課題が明確に区別されていなかったからであるという。それでは、落合の考える「家」と「近代家族」は、どのようなものだろうか。

同じ個人によって書かれていても、違う時期に書かれた別々のテキストが一貫しているという保証はないが、落合による『二一世紀家族へ』からそれぞれを拾ってみよう。落合によれば「家制度」は、「真実の愛と性による両性の結合をいう、近代家族理念の完全な実現」とは反対のものである。この近代家族の理念は、「嫁姑問題や血のつながりなどどろどろした家制度への呪詛」(ibid.: 136) とは異なっているという。また「家」についてくるものとして、「父の権威」、「嫁の服従」(ibid.: 84)、「直系家族制」、「拡大家族」(ibid.: 100) をあげている。

こうしてみると落合による「家」と「近代家族」は、正反対の性質をもつものにみえる。ところが落合自身が「少なくとも明治以降、家が近代家族的に再編され、近代家族的な性質を備えるに至ったことはもちろん認め」(ibid.: 44-45)、実際に「祖父母と同居していても、質的には近代家族的な性格をもっているということがあり得る」(ibid.: 100) と記述しているのを目にすると、「家」と「近代家族」を対立的なものとして概念化する意義について、考え込んでしまう。そもそも「近代家族」が近代化の過程 (落合 1996: 39) でつくりだされたと考えるとしても、それではいったい「家」はどこから来て、どのようにつくりだされたのか。答えとしては、「文化」という、何かをいっているようで、何もいっていない変数くらいしか思いつかない (し、落合自身も「文化」であると考えているようである)。

そもそも「近代家族」は、研究者によって操作的に作りあげられた分析概念である。ところが「家」は違う。「家」はわたしたちの日常語であり、実に多義的な言葉である。上野のような明治民法における「家」という使用法に加えて、思いつくだけでも、江戸時代の封建制度における武士の家族道徳、また農村共同体における生産単位、商家の慣行、また男性優位的な家族の規範、支配の形態である家父長制、儒教道徳と結び付けられて考えられた家族、直系家族制、拡大家族などの家族形態、日本の家族そのもの、建物、家族国家観、などを含みこむ多義的な概念である。これら多義的な「家」という概念を「近代家族」と対立的に使用するとしたら、少なくとも分析概念として定義する必要があるだろう。

少なくともわたしには、必要な作業は「家」を分析概念として使用することではなく、「家」によって何が表されてきたのかを記述する作業のほうであると思われる。「近代家族」という分析概念を念頭に置きながら、「家」という概念がどのようにつくられ、使われることによって、日本の近代家族の実態が形成されてきたのかをみることこそが必要なのではないだろうか。家族社会学においてどのように「家」概念が構築されてきたのかについては、第四章で検討する予定である。

さて日本型近代家族に話を戻そう。日本型近代家族について考えるときに、「家」と「近代家族」を同じレベルの分析概念として、その関係を検討する必要はないということは、ここまでで確認した。それでは日本の近代家族はどのような特徴をもっているのだろうか。そもそも何に対して「日本型」ということができるのだろうか。

「近代家族」という概念の利点は、操作的な「近代家族」という概念をつくりだすことによって、同時期のさまざまな国の近代家族の比較研究を可能にした点にある。ここで注意しておくことは、「欧米型」の「近代家族」というものが存在し、それに対して、「日本型」近代家族が存在するのではないということだ。アメリカの「近代家族」、ドイツの「近代家族」、イギリスの「近代家族」が存在するように、日本の「近代家族」が存在する。「欧米」の近代家族のなかにも、いろいろなヴァリエーションがあるということだ。

国民国家自体が、一国で存在したのではなく、同時代的に世界システムを形成していたように、日本の「近代家族」も他国の家族のシステムを引用し、模倣し、モジュールのように他国の家族制度を導入してくることによってつくりあげられてきた。もちろん他国の「近代家族」の内実が多様であるように、日本の「近代家族」の実態も多様であり、各々の家族生活の個別性が存在している。しかし「近代家族」という概念を使うことにより、他の国の家族と何が同じで何が違うのか、その共通点と差異をさぐるための視点が設定されたといえるだろう。

日本の特殊性であると長い間考えられてきた家族国家観――「国民は天皇の赤子である」などという、第二次世界大戦に日本を導いた「非合理的」で「ファナティック」な思想――は、「近代家族」という視点からみれば、けっして日本に特殊なものではない。むしろ家族国家観は、きわめて「近代的」な事象なのである。

例えばフランス革命では、父である王による支配である王制を倒し、国民は兄弟たちによる友愛であると表象された（Hunt 1992＝1999）[5]。ここでは家父長制が否定すべき敵として表象されている。これは家族の縦の関係を否定し、横の関係を強調するタイプの家族主義である。

日本で「伝統家族」といえば、直系家族である「家」を指すことが多いが、アメリカやイギリスで「伝統家族」といえば、まさに日本では新しいとされる「核家族」そのものを指す。もちろんこの「伝統的な核家族」というイメージも近代に入ってからつくりだされた「伝統の創造」にすぎない。ステファニー・クーンツは、『家族という神話――アメリカン・ファミリーの夢と現実』で、「大草原の小さな家」シリーズのテレビドラマによって伝えられる「自助の精神に富む開拓民のイメージ」が現実には存在していなかったことを――本のもとのタイトル“the way we never were”

が示しているように——明らかにしている（Koontz 1992＝1998）。日本の「家」のイメージが、「伝統の創造」であったのと同様、「伝統的な核家族」のイメージもまた、実はつくられたものにすぎない。

縦の系譜性や父による家父長制を強調するタイプの家族像は、日本だけの専売特許ではない。伝統家族といえば「家」であるのはドイツも同じであるし、大家族のイメージを大切にすることはイタリアでもよくあることだ。実は同じ社会においても、縦の系譜性を重要視するタイプの家族像が強調されたり、横の関係を強調する核家族像が強調されたりと、使い分けをされることもある。それはどの国でも同じことだ。

また日本の天皇制は母性主義的な点が「日本的特殊性」であるという「母なる天皇制」という解釈がされることも多い。しかしこれは、史実のレベルでは誤りである。例えば明治天皇は、公家の伝統にならって女官たちに囲まれて白い化粧と眉を描いて育ち、即位後もお歯黒をしていてある意味で「中性的」であったが、すぐに近代国民国家に適応すべく断髪し、お歯黒を止め、ひげを蓄え、軍服を着て写真を撮らせ、近代日本にふさわしい「父」へと変貌を遂げていく。また天皇が「男性的」な「父」となったときに皇后は、ペアの「女性的」な「母」として、「王権の不可欠な構成要素」となった（武田 1998）。天皇と皇后は対になって写真を撮り、またときには子どもたちとの写真を掲載し、国民が学習すべき理想の「近代家族」像を提示していく役割も担っていた（若桑 2001）。実際には明治天皇の母親は側室であり、天皇家は側室制度に支えられていた。

日本の天皇制が近代家族の模範を担ってきたことは、別に特異なことでも何でもない。海外におけるロイヤル・ファミリーも同様に、同じような機能を担っている。第二次世界大戦後は当時の皇太子が平民女性と結婚したことが、日本社会の「民主化」、新しい戦後の「家庭」を象徴した。「温かい家庭をもつまでは絶対に死ねないと思った」と皇太子がいい、それに対し「殿下に温かい家庭を差し上げたい」と美智子妃が考えたという誰もが知っている有名なマイホーム主義のストーリーである。

これら皇室の存在もまた、きわめて「近代的」であり、諸外国のロイヤル・ファミリーも、その国の「理想の家族」を演じている（実際には破たんしていたとしても）。ロイヤル・ファミリーをもたないアメリカは、大統領が「国民の父」を自称し、ファースト・レディである夫人と理想の家族を演出している。歴代の大統領は自分を「国民の父」になぞってきたが、とくにそれが戦争時に顕著であったことを考え合わせると、「天皇の赤子」という考え方がそれほど「特殊」でないことは、納得いくだろう。

クローディア・クーンツは『父の国の母たち——女を軸にナチズムを読む』で、ナチズムにおいて女性たちがいかに戦争協力に巻き込まれていったのかを描きだしている（Koonz 1987＝1990）。国民国家において女性たちは、「二流の市民」つまりは「二流の国民」にすぎなかったが、「母性」を使うことによって、制限つきながらも「国民」の仲間入りをすることができた。逆にいえば、女性が「国民」の仲間入りをするには「母性」という性別役割分業にもとづいたイデオロギーを使わざるを得ず、このことは限界を孕んでいたということでもある。

このような「母性」に基づいた「女性の国民化」をおこなっている国としては、ドイツ、イタリア、日本など第二次世界大戦時の枢軸国であり、「母性」というよりはむしろ、抽象的な「市民」や「国民」として女性の権利要求をおこなったのが、イギリスやアメリカなどの連合国であるといわれている（上野 1998）。戦争にどう参加するかということは、国民の義務と権利の体系を決定している。男性は国民の義務を果たしているがゆえに、権利である参政権を得ているとされるし、実際にさまざまな福祉の優遇が戦争参加を根拠としてなされてきた。つまり軍隊に参加するかどうかは、誰が「国民」であるかという定義に関わる問題なのである。上野千鶴子は性別役割分業に基づく女性の権利要求を「分離型」、抽象的な「国民」として要求するタイプを「参加型」と呼んでいる。

しかしこのような分離型と参加型は、はっきりと国家によって分けられるのではない。日本のなかにも市川房枝に代表される、性別分業の解体を主張して女性が公的領域に参加することをめざした参加型の運動もあれば、平塚らいてうのように母性に依拠して、私的領域を国家化することをめざした分離型の運動も存在した(6)。どちらも「母性」が女性に特有のものであり、女性の居場所は家族だとする「近代家族」の神話がつくられた後、それにどう対応するかということを迫られているという点では、両者の主張は同じメダルの裏表である。このような母性と国民国家のありかたの違いについて考察できるのも、「近代家族」概念の貢献である。

日本は「欧米」と同じように、近代にはいってからは「近代家族」を形成した。ただ理想とされた「近代家族」像は、「欧米」のなかでも、それ以外でも各々異なり、また階層や地域によっても当然異なっていた。実態もそうである。日本の「近代家族」はさまざまある近代家族のうちのひとつのヴァリエーションにすぎない。アメリカの近代家族も、イギリスの「近代家族」も、ドイツの「近代家族」もそうだという意味において。そしてこの近代家族を形成していく際に、「家」にもとづいた「近代家族」のイメージと「核家族」や「家庭」、「(所謂 family である) 家族」の「近代家族」のイメージがときには重ね合わされ、またときには対抗させられながら、「近代家族」——性別役割分業に基づき、近代社会の最小単位とみなされ、親密さに彩られた家族——がつくられていったのである（第四章）。

3　家族の変容

明治以降つくられてきた日本の「近代家族」は、どのように変容していったのであろうか。日本における「近代家族」が主題として明確に打ちだされたのは一九九〇年代、とくに上野の『近代家族の成立と終焉』（一九九四年）によってであることは先に述べた。落合恵美子の『二一世紀家族へ』（一九九四年）もまた、実際に「日本の近代家族」を描きだす試みであったといえるだろう。

しかし一九九〇年代以降の日本社会の大きな変化にともなって、日本の家族にもまた激変が起こっている。この日本の家族の変化を踏まえて、「近代家族」が論じられることはほとんどない。だが「近代家族」という認識の枠組みは、家族のどの部分がどのように変化したのかということを鮮明に捉えることを可能にする。なぜならこの「近代家族」という概念は第二章で論じたように、近代社会の諸システムと家族というシステムがどのような連関をもっているのか分析することを可能にする概念だからである。

それではこれからまず第一に、「近代家族」に特徴的な「ロマンティックラブ」、「母性」、「家庭」のイデオロギーがどのように変化したのか、第二に、政治的・経済的単位である私的領域がどのように変わっていったのか、さらに夫が稼ぎ手／妻が主婦という性別役割分業の変化について検討した後、「近代家族」がどこに行くのかについて考えてみたい。

(1)「家庭」のイデオロギーの変容

二〇〇〇年代半ばに、山田昌弘の『希望格差社会――「負け組」の絶望感が日本を引き裂く』(二〇〇四年)がヒットし、「格差社会」はユーキャン流行語大賞を受賞した。また三浦展の『下流社会――新たな階層集団の出現』(二〇〇五年)という新書が出され、「意欲、能力が低いのが『下流』であり、「若年層で『下流化』が進行している」と主張された。二〇〇〇年代半ばは長期政権であった小泉純一郎内閣の終焉の時期であり、一九九〇年代に本格的に進行しはじめた新自由主義路線が、二〇〇〇年代小泉内閣のもと熱狂的に推し進められた政策の「成果」が、目にみえるようになってきた時期のことである。

第三号年金などの専業主婦優遇の家族政策が強化されたのが一九八五年であるとすれば、一九八五年は男女雇用機会均等法が制定された年でもある。いっぽうでは家族、とくに専業主婦女性に福祉を担わせる日本型福祉を維持しながら、他方では「能力のある」女性に「雇用機会」を与え労働力として活用しようというういっけん矛盾した動きが、同じ年に起こったのである。

しかしこれは新自由主義という思想を念頭におけば、矛盾でも何でもない。新自由主義は「小さな政府」の掛け声のもと、「大きな政府」を主張するケインズ主義を否定し、福祉を削減していくと同時に、「個人」の「能力」にもとづいた能力主義の建前をとり、その結果を「自己責任」であると引き受けさせようとする思想だからだ。(7) つまりは「能力のある女性は働いて貫いましょう」、「そうでない女性は家族で福祉を担って貫いましょう」、「どちらを選んでも『自己責任』ですよね」ということを政府が積極的に推進したのである。

もちろん「能力」や「自己責任」が、ある意味で「虚構《フイクシヨン》」であるのは社会学では常識である。ひとびとの「能力」、例えば属性化する業績である学歴ひとつをとってみても、どのような家庭に生まれ、親がどのような情報に基づいて、どのような教育戦略をたて、どのような経済的、社会的、文化的資源を動員して子どもを教育してきたのかということに大きく左右されている。もちろん生まれついての能力というものを完全に否定することはできないかもしれないが、環境の差は大きなものである。東京大学の女子学生の親の年収が一千万円を超えているのは、女子であっても東大卒という肩書をつけることに価値を見出す層がどのような層であるかということを端的に示している（それに比べると男子学生の親の平均収入は、毎年ずっと低い）。

また東京大学大学院教育学研究科大学経営・政策研究センターによる第一回高校生の進路についての調査（二〇〇五、〇六年実施）によれば、両親の世帯年収二〇〇万円未満の層の四年制大学への進学率は二八・二パーセント、六〇〇万円以上八〇〇万円未満だと四九・四パーセント、八〇〇万円以上一〇〇〇万円未満で五四・八パーセント、一〇〇〇万円以上一二〇〇万円未満だと六二・一パーセント、一二〇〇万円以上で六二・八パーセントと正の相関がある。逆に就職率は負の相関があり、年収二百万円以下の就職率は三五・九パーセントに対し、年収一二〇〇万円以上では五・四パーセントにすぎない。このようななかで「自己責任」を問われるとしたら、それは年収の低い家庭に生まれついたという「運命」に対する「責任」というしかない(8)。

イギリスのマーガレット・サッチャーやアメリカのロナルド・レーガン政権のもとで進められていた新自由主義政策は、中曾根政権下でも採り入れられ、国鉄や電電公社の民営化が推し進められた。一九九〇年代に入り冷戦体制が終焉すると、その動きが日本でもさらに加速された。ケインズ主義はある意味で、共産主義化を防止するために国家が福祉政策を施すものであったが、自由主義陣営で共産主義化の「脅威」は恐れる必要がなくなった。またグローバリゼーションが進行し、ヒト・カネ・モノの移動が容易になった。

しかし新自由主義は、グローバリゼーションによってもたらされたものではない。支配階級が権力や収入を再び確立し、格差を拡大する動きのことを新自由主義の本質と考えるジェラール・デュメニルとドミニク・レヴィは、「周縁部の負債の極端なまでの重さと、自由な国際資本移動による収奪を考えれば、地球規模でも格差の再編成がおこなわれている。つまりは、『新自由主義のグローバリゼーション』というべきものが生じている」と指摘している（Dumenil and Levy 2005 強調は原著者による）。

ロバート・B・ライシュならば、これらの事態を「ニューエコノミー」と呼ぶだろう。コミュニケーション・輸送・情報プロセスなどの分野で進展した新しいテクノロジーがグローバリゼーションを加速させた結果、代替可能な単純作業の賃金を低下させ、洞察力とアイディアをもつひとびとの賃金が上昇するという労働賃金の二極化が起こっているというのだ（Reich 2000＝2002）。しかし新自由主義が「市場至上主義(9)」と呼ばれ、国家による市場への介入を批判する身振りとは裏腹に、これらの新自由主義的政策は国家や産業界によるイニシアティヴによってもたらされている。

日本でも一九九五年に、日経連によって「新時代の『日本的経営』——挑戦すべき方向とその具体策」報告書が出されている。新時代の「日本型経営」とは、従来の終身雇用、年功序列、企業別労働組合を柱として男性正規社員に対する一律の保護をおこなってきた日本型経営を廃止し、労働者を長期蓄積能力活用型グループ、高度専門能力活用型グループ、雇用柔軟型グループの三つのグループに分け、長期蓄積能力活用型グループ以外を有期雇用にしようとするものである。このことによって、労働力の「弾力化」「流動化」、総人件費の節約、「低コスト」化が可能になるというのである。

二〇〇〇年代には小泉内閣のもと、「痛みを伴う構造改革」、「聖域なき構造改革」などのスローガンによって規制緩和が主張され、九〇年代後半に加速した労働の非正規雇用化の動きがさらに進められていった。所謂労働者派遣法においても規制緩和が進められ、二〇〇四年には製造業への派遣も解禁となった。またシングルマザーの生活保護における母子加算の廃止や児童扶養手当の一部支給停止が大きな争点となり、障害者自立支援法が制定され、障害者の「自立」を支援するという名目で、サービスに要した費用の一割負担が求められることになった。すべての人間が「自立」すべきだ、自分たちの「選択」の結果を「自己責任」で引き受けるべきだ（シングルマザーになったのはまさに「自己責任」の最たるものである）、というわけだ。その結果、相対的貧困だけではなく、ひとびとに生存を許されないほどの絶対的な貧困がおこっている。(10)

こうしたなかで三浦は「『上』が一五パーセント、『中』が四五パーセント、『下』が四〇パーセントの時代がやって来る!?」（三浦 2005）といい、「下流社会」が出現してきていると主張した。日本では一九八五年のSSM調査（社会階層と社会移動全国調査）において階層帰属意識が中の上、中の中、中の下を合わせて九割に達していた。国民生活調査などでも中流意識は同様に九割を超えており、俗に「一億総中流」といわれる意識がみられていた。あくまでも「意識」の問題にすぎないが、三浦は一九五五年体制における「一億総中流化・平均化モデル」から二〇〇五年以降は「階層化・下流化モデル」へと変わりつつあると主張した。中産階級の「意識」が、下流と上流へと分化していくことによって、消費行動に差が出現し、消費による階層分化が進んでいくというのだ。階級を収入や資産などからではなく、階層帰属「意識」から説き起こし、下流社会が実体的に出現しつつあるかのような三浦の語り口には賛同できないが、「下流社会」という言葉が読者やひとびとに大きなインパクトを与えたとしたら、それは一九九五年には中産階級としての規範が終焉しつつあることをひとびとが感じていたからではないだろうか。実態としてはさておき、規範としての「中流」が終わりを告げつつあったのである。

「家庭」という言葉は明治二〇年代からもてはやされ、雑誌などであるべき規範となる。そして実際に大正期になるとその「家庭」の理想――「一家団欒」、「家庭の和楽」を実現することが可能な新中間層が現実に出現してきていた（小山 1999）。「家庭」とは、ある意味で新中間層的な刻印を押された家族のあるべき理想像であった。

この「家庭」の規範性、つまりは新中間層でいなければならないという規範性は、急激に拘束性を失いつつある。例えば二〇〇六年の一一月には、二〇〇五年の全国の公立小中学校で一八億円を超える給食費が滞納されていたことがマスコミや世間を賑わせた。これは本来徴収されるべき給食費の〇・五三パーセントにすぎないが、マスコミやひとびとはこれを「貧困」の問題ではなく、「経済的に余裕がありながら、払わない保護者が増えている」（読売新聞 二〇〇六年一一月二七日）問題であると捉えた。

もちろんこれらの批判は、公教育でおこなわれている給食に、金銭的に困窮してもいないくせに必要な金銭も負担せずにフリーライドをおこなうひとがいるのだ、このようなサービスは税金の無駄遣いとしかいいようがないという、典型的に新自由主義的な心性にもとづいた批判である(滞納者が金銭的に困窮していないかどうかなど、誰も検証していないのだから)。おそらく給食費の滞納者は以前も存在していただろう。がしかし興味深いことは、給食費を滞納することが「恥」ではなくなったこと――実態はさておき、体面だけは「中流」の仮面を被る必要があるという従来強固にあった規範がなくなったことである。

この「家庭」の体面をまもるための特徴的な現象は、実態としては破たんしているにもかかわらず離婚を避け、表向きは仲の良い夫婦のふりをする「仮面夫婦」や「家庭内別居」などがあげられるだろう。もちろん、「近代家族」は愛情と経済が強引に結びつけられたものであるから、経済的な条件のために家庭生活を継続していることも考慮にいれなければならない。しかし一九七〇年には約一割、九〇年でも二一・八パーセントにすぎなかった離婚率は、九五年には二五・一パーセント、二〇〇〇年には三一・九パーセント、二〇〇三年をピークに下がるがそれでも二〇〇四年は三七・六パーセントと三組に一組以上となっている(厚生労働省『人口動態統計』)。この二〇〇三年以降の離婚率と離婚件数の減少は、二〇〇七年四月以降には離婚時に老齢厚生年金の分割が可能になると発表されたのが二〇〇三年六月であったことも大きいといわれている。現実に離婚別居件数を、年齢階級別離婚率が仮に前年実績だった場合の離婚件数と比べてみると、男性では二〇〇三年にマイナスに転じ二〇〇四年に一〇七〇九件だったものが、二〇〇八年にはかろうじて一七九件の減少、女性では二〇〇三年から同様にマイナスに転じたものが二〇〇八年では初めて四四一件のプラスになり、離婚が増加していることが確認されている（厚生労働省平成二二年度『離婚に関する統計』）。

もはやひとびとは、中産階級的な体面を保つためにだけには結婚生活を継続しなくなってきている。とくに若い世代、二四歳以下の女性の有配偶離婚率の上昇は急激であり、ティーンエイジャー女性の一割弱、二〇代前半女性の五パーセント近くは離婚している。一九七〇年頃にはこれらの年齢の離婚率は一パーセント前後だったことを考えれば、大きな伸びというしかない。この年代の女性の多くがいわゆる「できちゃった結婚」――一〇代女性の結婚の八二・九パーセント、二〇代前半女性の六三・三パーセント（厚生労働省平成一七年度『出生に関する統計』）であることを考慮しても、若い女性は子どもを抱えても離婚することを選ぶのである。たとえ子どもを抱えたシングルマザーの貧困率が高くても、結婚は一生添い遂げるものではなくなった。ロマンスにやり直しはきくようになり――実際、結婚するカップルのうち四組に一組は再婚者である――、若い女性は「我慢」よりも人生の「やり直し」のほうを選ぶようになった。

(2) ロマンティックラブ・イデオロギーの変容

ロマンティックラブ・イデオロギーとは、愛と性と生殖が結婚を媒介として結びつけられるイデオロギーのことだった。恋愛とは一生に一度、運命のひととの間に訪れるものであり、結婚することによって精神的にも肉体的にも結ばれ、そして子どもをつくり、育て、死んでいくものであった。

まれには愛があれば性交渉が先にくることはあったが、結婚に結びつくかぎりそれは問題がなかった。また見合い結婚と恋愛結婚の比率が逆転したのは一九六〇年代半ばであり、また当時の女性の生涯未婚率が二・五パーセント（男性にいたっては一・五パーセント）だったことを考えれば、皆がそれほど激しい恋愛にもとづいて結婚していたとは思えない（俗ないいかたをすれば、「結婚しなければ生きていけないのだから、これで手を打つか」ということは多々あっただろう。「近代家族」は愛情と経済が結びつけられたものだからである）。恋愛結婚であれば愛情にもとづいているとはかぎらないし――男女の結婚は「金と顔との交換である」と小倉千加子は喝破した（小倉 2003）――、お見合い結婚でも「きっかけはどうであれ、わたしたちは運命的な出会いをした」とロマンティックに解釈するカップルもいる。

愛と性とが結び付けられていたからこそ、強姦や不用意に誘惑に屈することなどによって「純潔」を失うことは、女性の唯一の結婚への財産を失うことであった。日本にロマンティッククラブ・イデオロギーを熱心に導入しようとした北村透谷が、「処女」を礼賛しているのは偶然ではない。ロマンティッククラブと処女性は、組み合わされてつくられていったのである。

日本における第二波フェミニズムであるウーマン・リブは、処女性が結婚へのパスポートとなっていることを激しく批判した。田中美津は、バージンは「女が生まれつきもっているひとつの私有財産」であるといい、このような意識構造が女を「母性のやさしさ＝母」か「性欲処理機＝便所」に振り分けていくという。そのうえで「母性（やさしさ）」と「異性（ＳＥＸ）」を分割することなく、「女」の全体である対象の回復がめざされる（田中 1972→2001）。

つまり一九七〇年代のウーマン・リブは、「貞操」が結婚と取引される惨めな性を告発したが、一九六〇年代の性革命で称揚された男性流のフリーセックスよりむしろ、やさしさや性を結びつけること、愛と性の完全な一致をめざすことで、貧しい一夫一婦制にもとづく結婚制度を批判した。この意味では婚姻制度を批判しながら、愛と性の一致という（「近代家族」の）理想を否定はしなかったといえるだろう。

実態はどうであれ、理想としての、建前としての「愛と性との一致」という規範は（女性の側には）存在していた。それが崩れ始めたのは一九九〇年代のことである。六〇年代の性革命によって、七〇年代には「愛があるなら、結婚前に性交渉をおこなってもよい[(11)]」という規範が一部ではみられるようになった。一九八〇年代には消費社会を背景として、ドラマ「金曜日の妻たちへ」などのように結婚していても恋愛があり得ること、また未婚者も当時流行した多くのトレンディードラマのように、結婚の前に恋愛を楽しむ（つまりは恋愛というかたちをとれば、結婚に結びつかない婚前交渉も許容される）ことがあり得ることが、示された。しかし「愛がなくても、性交渉をもってよい」という規範がはっきりと出現したのはやはり、一九九〇年代であろう。

九〇年代の性規範を特徴づける現象のひとつとして、「セックスフレンド」という言葉があげられる。それまではセックスをするならば「恋人」であったはずだが、今度はセックスをしていても「フレンド」、つまり「友人」であり得るのだ。「セックスしたんだったら、責任をとって結婚して」

と自分の「貞操」と引き換えに結婚を迫ることはおろか、「セックスしたからわたしたちは恋人どうしよね」と恋人気取りになることすら、「ダサい」ことになったのである。つまり愛と性と結婚の結びつきは、九〇年代には確かなものではなくなりはじめたということができる。

二〇〇〇年代に「真面目」、「誠実」だといわれてきた某野球選手が、女優などを含むさまざまな女性と、時期的にも重なるようなかたちで交際し、相手がじれても結婚を申し込まないどころか、交際をマスコミに認めただけで一方的に別れを告げた（らしい）という報道があった。「近代家族」の規範が強固にあれば、「さまざまな女性の貞操をもてあそんでおきながら、責任を取らない不誠実な男」と非難されただろうが、彼に対して批判的な報道をまったく目にしなかった。つくづく「規範は変わったのだ」と思った。貞操と結婚が交換条件にならないだけではなく、愛と性が一致していなくても許されるのだ。

厚生労働省の『出生に関する統計』によって、第一子出生までの結婚期間別にみた出生構成割合をみてみれば、実に興味深いことがわかる。昭和五〇（一九七五）年には、多くの第一子が結婚後一〇ヶ月に生まれており、多くはいわゆる「ハネムーン・ベイビー」である。それが昭和六〇（一九八五）年には少し減少し、六ヶ月に山ができ始める。つまり俗にいう妊娠三ヶ月の頃に結婚する「できちゃった結婚」が目にみえるようになってくるのである。平成七（一九九五）年には、できちゃった結婚とハネムーン・ベイビーの数は拮抗、そして平成一六（二〇〇四）年にいたっては、できちゃった結婚の山が突出し、ハネムーン・ベイビーの山はわからないほどに崩れてしまい、第一子の誕生までの期間が明らかに長期化するようになる。つまり多くの結婚のきっかけが妊娠であり、そうでない結婚はすぐに子どもをつくるとは限らなくなったのである。

「できちゃった結婚」は歌手の安室奈美恵が、一九九七年に二〇歳になるかならないかのときに、妊娠してから結婚したことによって一気に認知度を高めた。この年に結婚した一五歳から一九歳の女性のうち七七パーセントが、二〇歳から二四歳のうち四八・七パーセントが、安室奈美恵と同じできちゃった結婚である。できちゃった結婚はその後、マタニティ雑誌などで、「おめでた婚」、「授かり婚」、「ダブル・ハッピー婚」などと呼ばれるようになり、市民権を獲得していく。二〇〇四年には一〇代の女性の結婚の八二・九パーセント、二〇歳から二四歳の女性の結婚の六三・三パーセントが、二五歳から二九歳の二二・九パーセント、三〇代でも約一割ができちゃった結婚であり、実に四人にひとり以上が婚前交渉の結果、「できちゃった結婚」している。

できちゃった結婚をしたひとたちが、愛と性を一致させている恋人同士だったのか、違うのかはわからないが、ひとつだけ確かなことがある。それは愛と性と結婚が一致しなくなったとしても、結婚と生殖は強固に結びついているということである。

日本におけるできちゃった結婚の比率はほとんどそのまま、アメリカではシングルマザーの比率である。日本のティーン・エージャーの八割は、子どもができたら男性が「責任をとって」結婚するが（たとえ離婚率もまた高かったとしても）、アメリカではティーンで子どもを産んだ女性の八割が、シングルマザーである。日本における婚外子出生率は一九五一年の二・一九パーセントを最後

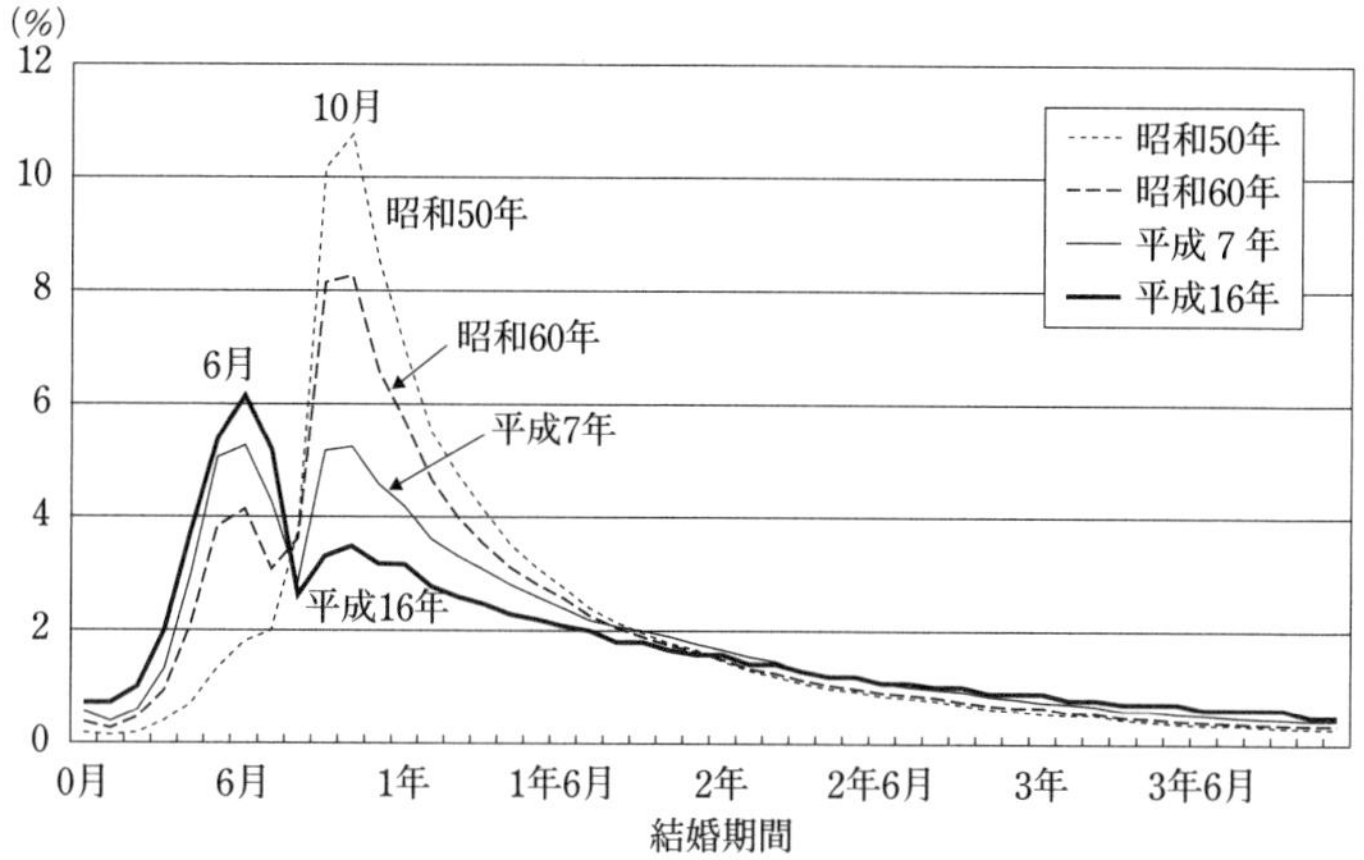

注：1）嫡出第 1 子についての数値である．
2）結婚期間不詳を除いた総数に対する構成割合である．
3）0 月とは生まれた月と同居を始めた月が同じ場合である．
出典：平成 17 年度　出生に関する厚生労働省統計

図 1　第 1 子出生までの結婚期間別にみた出生構成割合

に下がっていき、一パーセントにも満たない年もあった。婚外子は愛と性と生殖とを、結婚を媒介として一致させようとする規範をもつ「近代家族」とは背反するものであり、「近代家族」における「妻の座」を強化することはそのまま婚外子差別へとつながる側面がある。(12) したがって日本で「近代家族」が大衆化した時期の婚外子出生率は極めて低い。

しかし一九九〇年から婚外子出生率は再び上昇し続け、二〇〇五年には二パーセントを超えている。日本では一度成立した結婚を「愛と性」と一致させようとする傾向は、アメリカなどに比べるとはるかに弱い。つまり「愛がなくなった」、「他に好きなひとができた」というような理由では、結婚を解消しないのである。また婚外の恋愛や性にも寛大であり、「家庭を壊さないなら浮気は甲斐性」などといういい草が罷り通ってきた。先に述べたように、「仮面夫婦」や「家庭内別居」でやりすごし、家族の「形式」は壊さない。恋愛の規範はかなり崩れてきているのに、制度としての家族という枠組みがきっちりとあることが日本の特徴である。

結婚と生殖もまた強く結びつけられている。結婚しないで子どもは産まないし、結婚したならば子どもはつくる。つまり愛と性と結婚の結びつきはきわめて弱く、規範が変化しているにもかかわらず、結婚と生殖の結びつきは異常に強い。しかしこのように婚外子出生率がわずかながらも上昇傾向にあり、また子どもをもたない夫婦も戦後だいたい三パーセントで安定していたものが、急激に五パーセントを超えてきている。結婚と生殖の結びつきが緩んできているといえるだろう。

愛と性と結婚が結びつかなくなる九〇年代の性革命もなし崩し的なものでありながら、急激な変化だった。結婚と生殖の結びつきの将来も、その可能性がないとはいえない。少子化と未婚化が進行していくなかで、「結婚しなくてもいいから、子どもだけは産みたい」と考える女性が増えてきてもおかしくはない。女性に経済力がつけば、そう遠くない未来に婚外子出生率が急激に増加するかもしれない。そのときになってはじめて、ロマンティックラブ・イデオロギーが完全に崩壊したといえるだろう。

(3) 「母性」イデオロギー

戦後に「三歳までは母の手で」という三歳児神話が、意図的に、歴史的につくりだされてきたことは第一章で述べた。母性は「母性本能」などという言葉にみられるように、「本能」と結びつけられて、自然なものと考えられてきた。

この母性に関する規範についての大きな変化はふたつある。ひとつは、共稼ぎ世帯の増加である。戦後は圧倒的に共稼ぎ世帯が少なかったが次第に増加し、一九九〇年代に片稼ぎ世帯と逆転をはじめ、一九九七年には完全に逆転したままとなった。一九九一年にいわゆる育児休業法ができたことは、三歳までとはいわないけれども、一年間のおもに母親による養育を可能とし、継続就労と小さいうちには「母親の手で」という保育の妥協点となった。妊娠を機にした離職率はいまだ七割近く、育児休業を現実に取得できるのは正社員の一部の女性にすぎないとしても、「専業主婦による子育て」の規範力は急速に低下した。

一九九九年には、「主婦は家畜である」という過激なスローガンで、『くたばれ！専業主婦』[13]という本が、フリーライターの石原里紗によって出され、専業主婦バッシングが起こった。それまで女性の「神聖な職業」である「専業主婦」が、（フェミニズムの主張ならともかく）正面から批判されたことはなかった。石原が同年に『私、オジサンの味方です。』という本を出していることからもわかるように、この専業主婦叩きは女性による女性に対するバッシングの体裁をとってはいるが、専業主婦に対する社会の冷たくなったまなざしを代弁していたともいえよう。同時期に「新・専業主婦志向」として、「夫が仕事、妻が家事」を受けもつという従来の性別役割分業規範をベースとして「専業主婦の夫には仕事と家事を、自分は家事と趣味的仕事」という志向が取りあげられていることも興味深い（一九九八年度版『厚生白書』）。母性は神聖な女性だけの仕事ではなくなってきたのである。

第二に、「家庭」のイデオロギーとも関連するが、「家庭」が「プライバシーの砦」ではなくなったことである。従来は「しつけ」という名のもとで、子どもへの暴力は不可視化されていた。しかし一九九〇年代、「アダルト・チルドレン」——典型的にはアルコール依存症の親のような、機能不全家族のもとに育ったため生き難さを抱える子どもたち——という言葉が流行し、『日本一醜い親への手紙』（一九九七年）などが出版されるにいたって、家庭が「暴力」の場所でもあるということが次第に明らかになっていった。とくに一九九九年にスーザン・フォワードの『毒になる親』が翻訳されたことで、問題は「毒になる親」、「毒親」であるということがはっきりと言語化され、インターネットの世界を中心に、精神的な暴力をふるう支配的な親の問題が認識されるようになった。

二〇〇一年にいわゆるDV禁止法が施行され、配偶者間の暴力への法的取り組みがなされたが、その少し前の二〇〇〇年に、いわゆる児童虐待防止法が制定され、親から子どもへの暴力も取り締まれるようになった。これら「家庭」における暴力が認識されるにしたがって、従来神話に包まれていた母親すら暴力の担い手になり得るのだ——とくに子どもを支配する暴力は、母親が家庭の運営責任を担っていればこそ、母親によっても振るわれることがある——ということが明らかになっていく。

このように「母性本能」についての神話が解体していったが、「母性」はまた一九八〇年代には「娯楽」として消費の対象ともなっていった。八〇年代には「胎児はうんこだ」という詩人である伊藤比呂美が、育児本『良いおっぱい悪いおっぱい――すてきな妊娠・たのしい出産・あかるい育児・まじめな家族計画』（一九八五年）を出版し、妊娠や出産による女性の身体の変化や、育児によってあらためて「家族」をする感覚をとらえなおし、言語化していった。また漫画家内田春菊の『私たちは繁殖している』（一九九四年にドゥマゴ賞受賞）もまた、自分の身体におこる未知の出来事である妊娠や出産、そして育児をユーモラスに「楽しんで」描いている。

従来は女性の運命でしかなかった子どもを産むという行為を、これらの著作は「レジャー」として楽しむものとして提示した。興味深いことは、女性にとって「母性」は自然な行為ではなく、「未知」の出来事だからこそ、対象化して楽しむことが可能になっている点である。またベネッセによって『たまごクラブ』、『ひよこクラブ』が一九九三年に創刊され、出産は夫婦で楽しむイベントとしての色彩が強まっていった。現在、きらびやかな当て字の子どもの名前が多いのも、この『たまごクラブ』、『ひよこクラブ』の影響であるといわれている。

このような「母性」のレジャー化によって、不妊女性の苦しみは、「跡取りを産めと舅や姑にいわれる」という類のものだけではなく、むしろ「自分が出産を『楽しみ』たい。育児を『楽しみ』たいのに、その機会が与えられない」というものに変化してきている。子育てのレジャー化を端的にしめす現象としては、子どもに望む性別として「女児」を選ぶ割合が年々高まっていることである。例えば、国立社会保障・人口研究所の『出生動向基本調査』(夫婦調査)では、一九九七年から女児を期待する女性の割合が男児期待を超え、二〇〇二年には五二・五パーセントとなっている。男性の女児期待も年々高まり、二〇〇二年で四八パーセントである。そこには「跡取りよりも、将来介護をしてくれるだろう女児を」という性別役割分業期待ももちろんあるだろうが、子どもを育てることが楽しみという意識が関係していることは、間違いないだろう。

(4) 政治的・経済的単位としての家族——「家族」単位から「個人」単位へ

フェミニズムの主張の核心は、近代につくられた「家族」を経済的・政治的な「単位」として取り扱うことをやめて、女性を「個人」として扱うことにあった。女性に市民権が与えられないのは、夫が世帯を代表していると考えられているからだ。例えばどのような側面であれ、妻が意見を表明するのは冗長である。家族は一心同体なのだから、妻や子どもは夫と同じ意見であるはずだからである。一家に主人がふたりいる必要はない。

このような夫への法的・経済的・社会的従属を嫌ってたとえシングルを貫いたとしても、女性は差別から抜け出せない。家計の単位が家族であると考えられ男性に家族賃金が支払われているために、女性の賃金が家計補助的なものとみなされて低く抑えられているだけではない。さまざまな手当のみならず税制なども、結婚した男性が有利なように(そしてシングルは不利に、既婚女性は家庭補助の枠を超えて働き過ぎないほうが得をするように)、つくられているからである。

このような事態にピリオドを打ったのはジェンダー平等を求める思想ではなく、むしろ格差を拡大しようとする思想実践である新自由主義の潮流だったという皮肉がある。新自由主義は、「大きな政府」の廃止の主張にみられるように「公」を切り詰め、「私」的領域である市場を拡大「私」領域化していくという意味で、プライバタイゼーションを推し進める実践である。しかも「官（公）から民（私）へ」という巧妙なスローガンを使って。正確には、「国家から市場（企業）へ」というべきである。

また「私」的市場とは切り離された、市民的「公」共性の領域をつくったり、社会的連帯をつくりだしたりすることもまた、困難な作業となった。なぜなら自己責任（personal responsibility）という言葉に典型的にみられるように、「個人」が「私的」に社会システムの結果を自分の責任として黙々と引き受けることが要請され、システムの問題、ある意味で「社会的」で「公」共的な問題として疑義を呈することは、自分勝手で潔くないと批判されるようになったからである。

わたしは新自由主義の大きな特徴のひとつは、新自由主義が「公」と「私」の分割線を自在に動かし、再定義していく点にあると考えている。「個人的なことは、政治的である――The Personal is Political」が第二波フェミニズムのスローガンであったが、それに倣えば「個人的なことは、個人的である」というのが新自由主義のスローガンとなるだろう。それでいて「私」企業の利益は、「官」である「行政機構」よりも、個人よりも、「公」共性をもつと考えられるのが矛盾であるが(14)。

企業は労働者に、必要以上の福利厚生や保護を与えることを拒むようになった。「労働者に専業主婦の妻がいたり、小さな子どもがいたりするからといって、それがなんだというのだ。なぜそのために余分な費用をださなければならないのか。労働以上には払う必要はない」というわけである。日本型経営の年功序列と終身雇用、企業別労働組合――実際のところは新卒一括採用で同期入社のコーホートで出世を競わせるシステム――で企業への忠誠精神を涵養するのではなく、労働力の流動化がめざされ、人件費の削減がおこなわれた。企業は「世帯主」に給与を支払うのではなく、「個人」に給与を支払うという建前を採択するようになったのである。

このような雇用慣行の変化によって一部のマイノリティは――日本型経営とは、「健常者」の日本人男性被雇用者の間の平等を達成するもので、それ以外のマイノリティは、競争に最初から排除されていた――、ごく一部ではあっても、企業のなかに位置づけられることが可能になった。もちろん、差別は存在しないわけではない。とくにマイノリティのほうが非正規雇用に親和性は高いだろう。しかしそれでも、新自由主義のもとで資本に期待される身体は具体的な形象をもっていないのではないかと思わされる局面がある。

日本型経営のもとでは、「結婚することで一人前」といわれ仕事を任されたり、離婚することによって出世コースから外されたりということが、日常的におこなわれてきていた。しかし今は、未婚であることのマイナスの評価は劇的に変化した。巧妙な企業は、若い女性の労働力を名ばかりの正社員で、酷使して使い捨てさえしている。セクシュアル・マイノリティであることも以前に比べれば（あくまで比較の問題だが）、「個人的なこと」と捉えられるようになっている。

税制や社会福祉も、単位を「家族」から「個人」に移しつつある。わたしの保険証は、最近家族単位から個人単位のカード式に移行したところである。配偶者特別控除は廃止されたし、離婚時に夫の老齢厚生年金の標準報酬部分を分割して貰えるようになった。前者は実質的な増税、後者は万が一生活できなくなったときの生活保護や、児童扶養手当などの費用を実質的に削減しようとする試みであるといえなくもないので、「個人」化というのも方便なのかもしれない。

しかしこれらの動きは、不可避的な流れである。どのようなライフスタイルをとっても不公平にならない、「シングル単位」の中立的な税制や社会保障制度は、公平性の観点から必要とされている。ただ子ども手当と配偶者控除廃止の議論がセットとしておこなわれていたが、妻が働く／働かないということによって夫の控除額が変化することは、ライフスタイルの公平性の点からは望ましくない。それに対して子どもへの助成は、家族による格差の再生産の問題と深く絡まりあっている。子ども本人に福祉が届く体制をつくりあげていくことがもとめられている。

(5) 性別役割分業の揺らぎ

日本型経営が急速に崩れ、男性の、とくに若い世代で非正規雇用化が進んだことによって、非正規雇用の問題が世間をにぎわすようになった。実際には非正規雇用の問題は、以前からずっと存在していた。主婦のパートタイムの問題である。

日本のパートタイマーは、「同一価値労働、同一賃金」の原則からは遠く、同じ仕事をしても雇用の契約形態が違うという理由だけで、正社員とは賃金から社会保障にいたるまで、待遇が異なっている。女性、とくに中断再就職の主婦は、長い間正社員にはなれず、非正規雇用で働いてきた。しかも景気の安全弁として、景気が悪くなったら契約を切られ、リストラされてきたのである。

しかし雇用の問題が社会問題となったのは、男性に雇用がなくなり、非正規雇用化したからである。英語では主な稼ぎ手のことをbreadwinnerパンを稼いでくる者という。日本語でいえば、大黒柱であろうか。標準的な日本の男性のコースは、結婚して、breadwinnerになることだったのだが、一九九〇年代から二〇〇〇年代と、続々と行われた労働の規制緩和のなか、一家を支える稼ぎ手になることが困難になってきた。(15) 一番割を食ったのは、リストラされた給与が高い管理職の世代と、新卒一括採用システムのなか、就職できず非正規雇用の職について、正規雇用には戻れない二〇代であった。新卒一括採用というシステムでは、同時期に卒業するコーホートは同じような景気の変動を受ける。リーマンショックの前に就職を決めた世代と、その後では、天と地ほどの差がある。

しかし就職難の原因のすべてが「景気の変動」に還元できるかといえば、そうではない。景気の変動ももちろんひとつの要因ではあるが、大きな要因は、九五年の「新時代の日本型経営」にみるように、意識的に労働力の非正規化が行なわれたことである。その一方で不安定雇用ながらも極端な高給を保障するハイリスク・ハイリターンの外資系、IT企業なども出現した。皆が六〇〇万円から九〇〇万円程度の収入を得て、同期入社の仲間と競り合うことに意義をみいだすような標準コースは減少し、雇用条件の格差が拡大した。構造が変動しているから、景気が回復しても以前のようなシステムには戻らないだろう。

日本型経営が崩壊するにしたがって、男性世帯主を安定的な稼ぎ手として期待できなくなったと同時に、専業主婦もまた「贅沢品」となった。少なくとも男女雇用機会均等法以後、企業は性別によってではなくコース別の人事を行なうことにしたが、従来の「お茶くみ、コピー取り」といった仕事は（女性の）非正規雇用で次第に賄うようになり、腰かけ一般職から社内結婚をして専業主婦にという企業に夫婦丸抱えで尽くしてもらうという六〇年代的なモデルを望む女性は、企業にとっても「コスト」でしかなくなった。短大の人気が凋落したのも、このコースがなくなったことと連動している。

一九九〇年に『家父長制と資本制』で上野千鶴子は、家父長制には物質的基盤があり、それは男性による女性の家事労働の搾取であると主張した(16)が、今はこのような主張はほとんど支持されないだろう。これは大部分の女性がほとんど「結婚」することを前提としているからである。しかしこの命題は、少なくとも一九九〇年の女性たちのリアリティをすくいあげていた。現在なら「家事の問題がひとりで暮らしているわたしに、何の関係があるの」といわれるのがおちである。ちなみに女性の生涯未婚率は一割近くになっており、杉並区や港区の三〇代女性の半分以上は未婚である。女性が恋に落ちて、結婚をして、セックスをして子どもをもつという同じライフコースをたどるだろうという予想は共有されなくなってしまった。終戦直後に生まれた上野自身、最初の研究テーマとして主婦を選んだ理由を、「もし私が母のような人生を送るとしたら、……結婚したら主婦になるのが私の世代の未来でした……、この私の運命ってなんなの、という疑問」（風間・ヴィンセント・河口 1998: 47 ただし句読点ほか、文意が通るように、一部変更）があったからだと、女性が主婦になることが当然であるという常識がまかりとおっている時代を生きてきたことを証言している。

アメリカでは、早いうちに稼ぎ手と専業主婦という片稼ぎモデルを脱し、七〇年代には共稼ぎモデルへと転換してきた。日本ではその転換は実に遅く、一九八五年におこなわれた改革すら、専業主婦の保護と働く女性の創出といういっけん矛盾した動きであったことは先に述べた。

片稼ぎはもうすでにリスクの高い選択になっている。稼ぎ手がひとりであったら、リストラや病気といった不測の事態に対応できない。男性が期待する女性のライフコースは、一九八七年には専業主婦が三七・九パーセントもいたものの、二〇〇五年には一二・六パーセントにまで落ち込み、両立を望むものは一〇・五パーセントから、二八・二パーセントに増加している（国立社会保障・人口研究所『出生動向基本調査』2005）。

結婚を機にした女性の階級上昇は、減ってきている。橋本健二は、ＳＳＭ調査データをもちいて、一九九五年に比べ二〇〇五年には、結婚による階級上昇が急激に減っていることを明らかにしている（橋本 2007）。「玉の輿」が減ってきているのだ。

女性が専業主婦になる時代には、「可愛い奥さん」という条件が優先されるかもしれないが、共稼ぎがスタンダードになってくると、配偶者選択の基準はまた変化してくる。これからは結婚相手

郵便はがき

恐縮ですが
切手をお貼
りください

112-0005

東京都文京区
水道二丁目一番一号

勁草書房
愛読者カード係行

(弊社へのご意見・ご要望などお知らせください)

・本カードをお送りいただいた方に「総合図書目録」をお送りいたします。
・HPを開いております。ご利用ください。http://www.keisoshobo.co.jp
・裏面の「書籍注文書」を弊社刊行図書のご注文にご利用ください。ご指定の書店様に至急お送り致します。書店様から入荷のご連絡を差し上げますので、連絡先(ご住所・お電話番号)を明記してください。
・代金引換えの宅配便でお届けする方法もございます。代金は現品と引換えにお支払いください。送料は全国一律100円(ただし書籍代金の合計額(税込)が1,000円以上で無料)になります。別途手数料が一回のご注文につき一律200円かかります(2013年7月改訂)。

愛読者カード

65361-4　C3036

本書名　日本型近代家族

お名前《ふりがな》　　　　（　　　歳）

ご職業

ご住所　〒　　　　お電話（　　　）　　－

本書を何でお知りになりましたか
書店店頭（　　　　　　書店）／新聞広告（　　　　　　新聞）
目録、書評、チラシ、HP、その他（　　　　　　　　）

本書についてご意見・ご感想をお聞かせください。なお、一部をHPをはじめ広告媒体に掲載させていただくことがございます。ご了承ください。

◇書籍注文書◇

最寄りご指定書店

市　　町（区）

書店

（書名）	¥	（　　）	部
（書名）	¥	（　　）	部
（書名）	¥	（　　）	部
（書名）	¥	（　　）	部

※ご記入いただいた個人情報につきましては、弊社からお客様へのご案内以外には使用いたしません。詳しくは弊社HPのプライバシーポリシーをご覧ください。

に求めるものは、自分と同じような階層に所属している稼ぎ手であることか（「稼ぎ手としての結婚」）、雇用が不安定で先行きがみえないからこそ、条件や「つりあい」に重きをおかず、一緒に居て楽しいひとを選ぶか（「（男女の逆転婚を含む）趣味としての結婚」）、極端に分化していくのではないだろうか。

育児に熱心な男性をさす「イクメン」という言葉が、最近流行している。また新・専業主婦志向に典型的にみられるように、自分が専業主婦であっても夫に仕事も家事も求めるという傾向が強まっている。従来のように「家族を金銭的に養う」ことが「男らしさ」であり、それさえしていれば夫としての責任を果たしたというような性別役割分業に頼りすぎることは、今の時代、若い世代にはリスクが高いと考えられているのではないだろうか。また「子育てのレジャー化」に伴い、子育てを「義務」から、「楽しみ」のための「権利」のように考える転換が起こっているようにみうけられる。

4　家族の変容と社会

これまで「近代家族」の変化を追ってきた。現在、完全にポスト「近代家族」が出現しているということはできないが、「近代家族」が大きく揺らいでいるということ、そしてその変化はおそらく不可逆的な変化であることは明らかである。これらの現象を含め、現代の家族の変化をどのように考えればいいのだろうか。これから検討してみよう。

(1)「愛情」から「責任」へ

「近代家族」の変化としてはまず、家族が「愛情」から「責任」の共同体へと移行した点があげられる。「近代家族」において家族の行為を正当化する語彙は、従来は「愛情」であったが(山田1994)、現在は「合理性」へと変化した。例えば「近代家族」において家族の役割を遂行する際の根拠としては、「愛情」がもちだされてきた。「家族を愛しているのだったら、妻は料理をするはず」、「子どもへの愛情があれば、妻は仕事を辞められるはず」、「家族のためを思えば、夫はすべてのことを我慢して仕事を辞めないはず」といった具合である。そもそも「近代家族」は愛情が凝縮した空間であり、愛情と経済が結びつけられている空間だった。

しかし現在では、家族に関する行為を愛情で根拠づけることは全面的には成功しない。「家事に多くの時間を使うのだったら、家事のプロにお金を払って、家族が一緒に過ごすほうが『合理的』だ」、「年収が少ないほうが育児休業を取得したほうが、世帯単位の戦略として『合理的』だ」という「合理性」にもとづく説明は、以前であったら到底受け入れられなかったが、今はそれほどでもない。家庭は損得勘定から逃れた私的な領域であったはずだが、現在は家族という領域において「市場の論理」が使われることに対する抵抗感はあまり存在しない。

このことを何よりも顕著に表しているのが、配偶者選択であろう。従来であったら、たとえ条件に惹かれたとしても、表向きは「恋に落ちた」という必要があった。しかし現在は、結婚は就職活動のように、「結婚活動」＝「婚活」が必要とされている。自分が一生勤めあげる（可能性のある）企業の現状を分析し、自分に合うかどうかを冷静に検討し、企業に選ばれたら就職するという就活と結婚が、同じようなものになっているのである。ネット用語でよく使用される「スペック」という言葉が――もともとはコンピューター用語でどんなパーツや組み合わせで構成されているかというパソコンの仕様を表していたが、転じてひとの「身体的特徴、趣味、学歴、仕事などの階級」を指すようになったもの[17]――、恋愛相手の様子を表現するときに使われることも、同様の事態を端的にしめしているだろう。

そもそも一九九〇年代以降の急激な変化において、「家族」の置かれている場所は矛盾に満ちたものである。政府によってさまざまな「競争」が奨励されているにもかかわらず、「小さな政府」が掲げられているため、競争のための能力を磨く場所や、競争に敗れたときにリタイアする場所として、「家族」が大きな役割を果たさざるを得ない。しかしこの「家族」の力、家族がどの程度の福祉を担えるのかということ自体が、大きな格差の問題であり、選択の余地は少ない。金銭面で不自由のない層は、さまざまなサービスを財として購入することすら可能であるのに、そうでない層は自分たちで賄わざるを得ない。中産階級的な価値が凋落した現在、どのような家族をもっているのか、つくるのかということは、切実な問題として意識されるようになっているのである。

新自由主義的な社会では、全ては「自己責任」であると考えられるが、実は責任の最終単位は

「自己」ではなく、「家族」である。イギリスのマーガレット・サッチャー元首相は「社会というものは存在しない。個人だけが、男と女だけが、家族だけが存在するのである。政府というものは、ひとびとを通さなければ何もできないのであり、ひとびとはまず自分自身を頼りにするのが先決である」と述べている。[18]

「社会」が存在しないということは、公共的な空間や結びつきの否定を意味しているが、「自分自身を頼りにするのが先決である」といいながら、実際には「個人である男と女 individual men and women」、そしてその男女からなる「家族 families」が最終的な責任の単位であると考えられている。このようにイギリスでは伝統的であると考えられる「核家族」の価値が称揚され、子どもが犯罪を犯した場合には親が「責任」をとることが義務づけられた。

アメリカでも事情は同じである。一九八九年、カリフォルニア州は子どもの犯罪行為を阻止できない親に対し、懲役一年の刑と二五〇〇ドルの罰金刑を科すことができる法律を制定した。一九九一年、ニューハンプシャー州は自分の子どもがポルノに出演した場合、親も罪に問われると決定。アーカンソー州のダーモットは親たちに対し、「無責任な親」というキャプションをつけて地元の新聞に写真を載せ、また懲罰台でさらしものにするという条例を施行した。ミシシッピ州の州法は、無断欠席した生徒の親に対して懲役一年の刑と千ドルの罰金を科すことができるとしている。幾つかの州では実験的に、学校をさぼる一〇代の子どものいる家庭が福祉手当を受けている場合、助成金の支給を停止する措置を取り始めているという（Coontz 1992＝1998: 172）。

日本ではここまで極端ではない。がしかし例えば二〇〇三年、長崎で幼児殺害事件が起こった際に、政府の青少年育成推進本部の副本部長鴻池祥肇参院議員（当時防災担当大臣）が、「親は市中引き回しのうえ打ち首にすればいい」と発言したことを考えれば、家族は「愛情とプライバシー」に満ちた私的領域ではなくなったことは明白である。この発言を「前近代的」な「家」制度的なものと解釈するひともいるかもしれないが、実際にはむしろ、「新しい」家族の責任倫理の出現といったほうがよい。公共的な空間が解体され、私的な領域が肥大化するとともに、「自己責任」の範囲は「家族」に及んでいる。この意味では、「家族」はあらためて、国家の単位とされて再編されていると考えることも可能かもしれない。

（2）家族による格差と家族幻想

中産階級的な「近代家族」の規範が緩んだだけではなく、実際にも中産階級的な「近代家族」生活を経験するひとの数は減少してきている。それは第一に、雇用の流動化により中産階級的な生活を保障するだけの安定的な収入を得ているひとが減少してきていること、第二に結婚するひとが大幅に減少したことからきている。

まず共稼ぎの世帯数が片稼ぎの世帯数を超え、増加傾向にあることは先に述べたが、日本もとう片稼ぎの「近代家族」をモデルにした制度設計から、シングル単位の制度設計へと移行しつつある。このようなときに片稼ぎ世帯と共稼ぎ世帯、また生活のために共稼ぎをせざるを得ない共稼ぎとエリート同士の共稼ぎなどのあいだでは、男性稼ぎ手と専業主婦のペアをモデルとした「近代家族」の時代に比べると、個人の賃金格差の拡大を超えてさらに格差が広がる可能性がある。

国立社会保障・人口研究所の『出生動向基本調査』によれば、男性が期待する女性のライフコースとして、一九八七年には三七・九パーセントあった専業主婦は二〇〇五年には一二・六パーセントしかない。また仕事と育児の両立は一九八七年の一〇・五パーセントから二八・二パーセントへと急激に増加している。生活を豊かにするため、リストラほかに備えた精神的・現実的な保険としてなど、さまざまな理由があるだろうが、男性は女性の「稼ぎ」を期待するようになってきている——少なくとも夫や子どもの世話を甲斐甲斐しくやって貰えればいいという期待は急激に減少してきている、といえるだろう。

共稼ぎ世帯の増加を受けて、二〇〇七年、政労使の合意により仕事と生活の調和（ワーク・ライフ・バランス）憲章が制定された。そこでは、「国民一人ひとりがやりがいや充実感を感じながら働き、仕事上の責任を果たすとともに、家庭や地域生活などにおいても、子育て期、中高年期といった人生の各段階に応じて多様な生き方が選択・実現できる社会」、具体的には就労による経済的自立が可能な社会、健康で豊かな生活のための時間が確保できる社会、多様な働き方・生き方が選択できる社会をめざすことが宣言されている。

子育て支援から、仕事と生活の調和の支援へと転換したわけだが、憲章自体が「現実」として指摘する「安定した仕事に就けず、経済的に自立することができない」という事態のなかで、仕事と

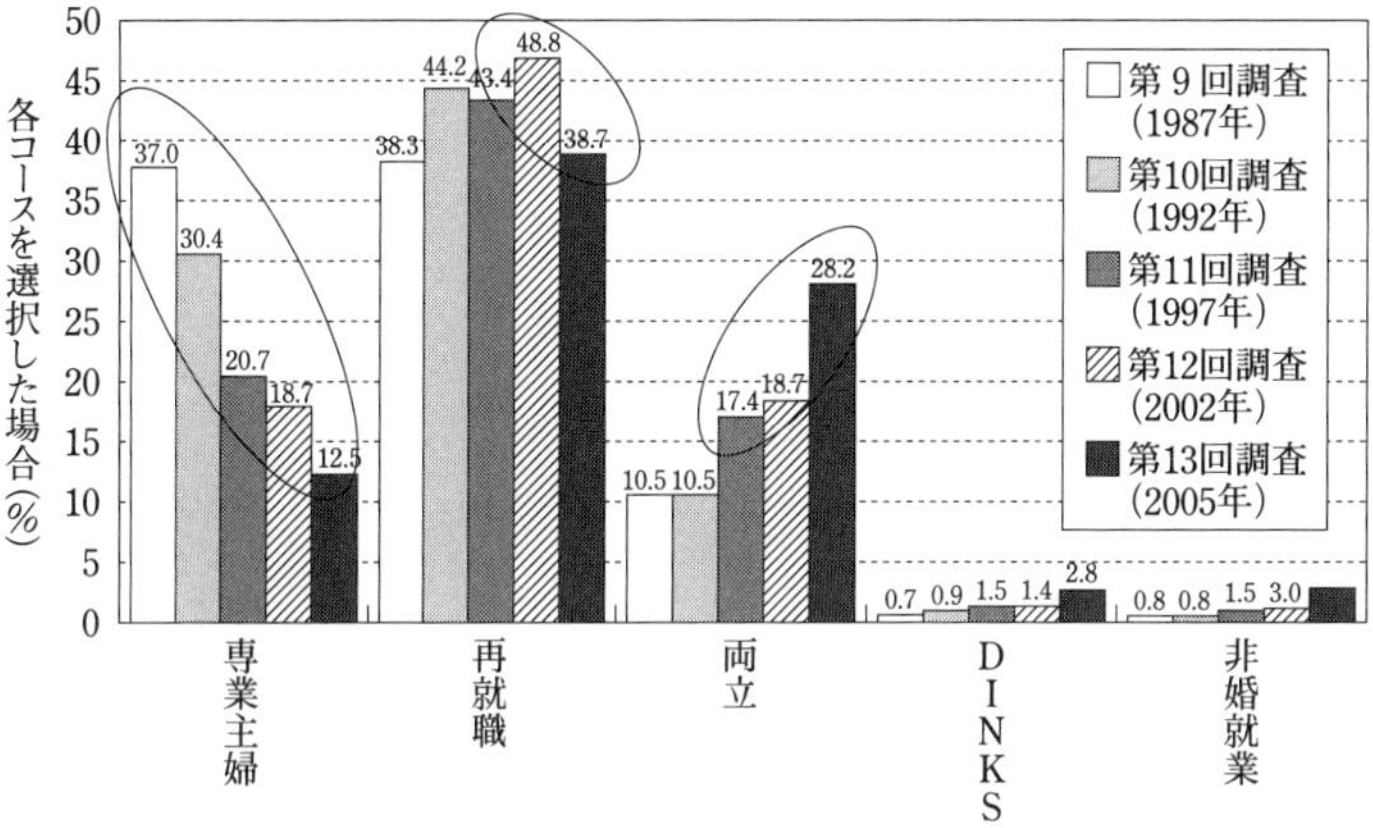

出典：第13回出生動向基本調査 http://www.ipss.go.jp/ps-doukou/j/doukou13_s/chapter3.html#32

図2　男性が期待する女性のライフコース

生活の調和をとるという目標はある意味で、皮肉といえなくもない。安定したワークのない人間が、ワークとライフのあいだでバランスをとるのは難しい。

とくに非正規雇用者が育児休業を取得することは法律上では可能であるが、妊娠をいい出した派遣社員が、派遣会社との契約更新を拒否されるという事態は頻発している。妻年齢四〇代既婚女性で、年収四〇〇万円未満で子どもがいないのは二〇・七パーセントだが、四〇〇万円以上ではだいたい一〇パーセント前後にすぎない（平成一七年度版『国民生活白書』）。

またこのような状況のなかで、親から援助を受けられるのか、親に援助をしなくてはならないのかによって、子どもの世帯の状態は大きく変わる。いろいろな意味で、家族が「資源」となる層と、「足かせ」となってしまう層とに分化してしまっているのである。

次に、結婚するひとが大幅に減少したことについて検討しよう。現在の女性の未婚率は一割弱、男性のそれは二割弱だが、つねに増加傾向にある。近代に入って、特定の身分の人間だけではなく皆が結婚する「再生産の平等」が起こった。しかし現在、結婚の可能性と年収もまた相関する「再生産の不平等」がおこっている。例えば四五歳から四九歳の男性の独身率は、百万円未満では四九・一パーセントであり、それからは順次減少していき、一〇〇〇万円以上では三・三パーセントにすぎない（橋本 2009: 83）。年収が少ないと結婚の可能性は減少するのである。

このことから近年は、「家族」や「恋愛」にたいする憧れが、急激に強まっている。二〇〇八年に秋葉原で無差別殺傷事件を起こしたKは、派遣切りによって絶望し凶行を引き起こしたといわれているが、「顔さえ良ければ彼女ができていたでしょうし、彼女ができていれば性格も歪んだ《ママ》いなかったでしょう」（浅野 2008: 190）ともネットに書きこんでいたという。

現在、未婚率は上昇しているが、結婚したくないと考えるひとの割合は多くはない。約九割近くのひとは、いつかは結婚したいと思っている。ただ不本意な結婚であったらしなくてもいいと考えるうちに、運命のひとに出会えずにいるだけなのである。その結果、恋愛、とくに結婚に結びつく恋愛の価値が異常に高騰している。

近年は「年収が低いと『結婚も』できない」といういい方がなされる。それは統計的には事実である。ただ「結婚」の価値を無条件に肯定することも、それはまた危うい。さらにつけ加えれば、年収の低い世帯（四〇〇万円以下）では子どものない割合も高いが、四人以上いる割合もまた、一番高い。子どもがいないか、たくさんいるかの二つの層に分離しているのである。

皆が結婚するという「近代家族」の自明性が崩れたあと、家族はどこに行こうとしているのか。今ほど、多様な新しい親密性のありかたを叙述していく作業が求められている時代はないだろう。

注

（1）落合恵美子による、近代家族の特徴八項目は第一章（本書一二頁）で紹介したが、落合本人は、この八項目は「定義」ではなく「特徴」を取りだしたものにすぎないと述べている（落合 1996: 26）。

（2）もちろんその一方で、「欧米の近代」と「日本の近代」に共通点があると想定しているからこそ、「欧米の近代」についての学問を輸入していたのである。わたしが学生の時代には社会学の最先端は、「欧米の近代」についての理論を学ぶことであり、それをそのまま日本に適用しながらも、「欧米」と「日本」はまったく違うという信念が同時に存在していた。今から振り返れば、文脈によって不思議な使い分けをしていたように思う。

（3）「日本の家族論と家族史の議論が直接的に嚙み合って」なかったことを指摘するものとして牟田（1996）を参照のこと。

（4）詳しくは第四章参照のこと。

（5）実際は兄弟たちによる友愛もまた、まさに近代的な「家父長制」を構成しているが、ここでは深くは立ち入らない。

（6）上野自身も日本国内の女性運動を、分離型と参加型のふたつに分けている。

（7）詳しくは千田（2010）を参照のこと。デヴィッド・ハーヴェイは、『新自由主義――その歴史的展開と現在』において、新自由主義を「何よりも、強力な私的所有権、自由市場、自由貿易を特徴とする制度的枠組みの範囲内で個々人の企業活動の自由とその能力とが無制限に発揮されることによって人類の富と福利が最も増大する、と主張する政治経済的実践の理論である」(ハーヴェイ 2005=2007: 10)と定義している。思想的には、フリードリヒ・フォン・ハイエクやフリードマンらを源流とし、第二次世界大戦後の経済政策のバックボーンとなってきた国家介入によって完全雇用、経済成長、国民の福祉の保障をめざすジョン・メイナード・ケインズ理論の批判として成立した。新古典派経済学の自由市場原理主義とアダム・スミス流の「神の見えざる手」との結合からなる、国家の規制に反対する「小さな政府」の主張であり、フリードマン流のマネタリズム、合理的期待形成論(ロバート・ルーカス)、公共選択理論(ジェームズ・ブキャナンとゴードン・タロック)、サプライサイド理論(アーサー・ラッファー)などの理論の寄せ集めである。これを理論と呼んでいいかも定かではない雑多な思想のごった煮である。

(8) いうまでもないが、ここでは年収が高く大学に進学すること自体が「幸せ」であるといっているのではない。実質的な選択肢の不平等性について言及しているのである。

(9) もしくは、もっとはっきりと「市場原理主義」と呼ばれる。

(10) 北九州市では二〇〇六年、二ヶ月の間に三人の餓死者を出したことが問題になったが、その後もまた生活保護申請を拒否して餓死者を出している。北九州市は生活保護率を抑制し、政令市で最低の保護率を誇っていた。新自由主義的な地方分権化政策の促進により、財政の厳しい自治体に住むことが必要な福祉サービスの受給を妨げ、個人の社会保障費の負担を増大させるという地域格差をもまた広げている。

(11) もちろん、愛とは結びつかない「快楽としての性」を主張する女性も少数いたが、それが男性による搾取にすぎないと告発・後悔する言説も存在していた。リブは学生運動の瓦礫の中から「十月十日、月満ちて生まれた鬼子」であると田中美津は表現したが（田中 1972→2001）、リブの提起した問題点のひとつの柱が、学生運動における「男性による女性の性の搾取」であったことを考えると、力点はあきらかに後者にある。

（12）女性が嫡出子と婚外子を産んだ場合、双方が自分の子どもでありながらも婚外子の相続分は嫡出子の半分となる。この場合は「妻の座」という議論とはまた別の議論が必要である。

（13）出版は『ふざけるな専業主婦――バカにバカと言って、なぜわるい！』（一九九八年）のほうが先である。ほかに『さよなら専業主婦』（二〇〇〇年）などもある。「くたばれ！ 専業主婦」というタイトルが論争で使われることが多かったので、九九年の『くたばれ』を代表作とした。

（14）「官」が「公」共性をもたないのは、税金という「公」的な金をばらまきながら、「私」的な利害ばかりを考える官僚によって牛耳られているからであり、したがって政治家がイニシアティヴをとる必要性があることが主張された。

（15）もちろん女性の雇用は男性よりもずっと悪く、非正規雇用も大部分は女性である。

（16）第二章を参照のこと。

（17）はてなキーワードより。http://d.hatena.ne.jp/keyword/%A5%B9%A5%DA%A5%C3%A5%AF（二〇一〇年一二月二〇日入手）。

（18）Prime minister Margaret Thatcher, talking to Women's Own magazine, October 31 1987

第Ⅱ部　家族の近代と日本

第四章　家族社会学における「家」

1　日本の家族社会学の問題構成

日本の家族社会学の問題構成の特徴は、第一に、その問題の中心に「家」が存在していることであった。例えば、家族社会学における一般的な区分のひとつとして、「現代家族」論と「伝統家族」論という区分がある。おおまかにいえば、第二次世界大戦の終戦をひとつの分岐点とし、戦後「家」が一掃され、新しい「家族」が誕生したのだという「家から家族へ」といった変動論に依拠して、新しい戦後の「家族」を論じているのが「現代家族」論である。これに対して、終戦後「家」が一掃されたにもかかわらず、戦前・戦後を連続して伝統的な「日本の家族」である「家」や、「家」に代表される日本文化が存在しているという文化論に依拠しているのが「伝統家族」論である。両者はいっけん、正反対にみえながらも、「家」からの離脱、もしくは「家」の連続性を探るというように、「家」を論の中心においている点では、共通している。

第二の特徴としては、第二次世界大戦の終戦による分割線の問題がある。「家」が家族社会学の問題構成において、中心的な位置をしめている概念であることは先に述べた。その前提には、終戦によって「家」が一掃された、少なくとも制度的には廃止されたという想定が存在している。ここでこの章の結論を少し先回りするとすれば、戦後「家」が廃止されたという前提があるからこそ、「家」が強固な日本の家族の特徴としてみいだされるという、ある種の逆説がある。

さらに戦前と戦後の断絶は、「家」のあり方が断絶しているという前提があるだけではない。実は家族社会学の知のあり方そのものが、戦前と戦後で断絶されている。戦前における家族研究は、今でいえば法制史や民俗学、農村社会学など、さまざまな分野において、相互に連関しあって進められてきていたが、戦後そのあり方は一変する。どちらかというと戦前には影が薄かった親族論が、「家族社会学」という分野で論じられることになり、伝統家族論は「農村社会学」や「民俗学」の分野に軸足を掛けることになる。とくに戦前農村社会学の分野で主導的に「家」を論じてきた鈴木栄太郎が農村社会学をやめ、都市社会学に関心を移すなど、家族について論じる論者も、戦前と戦後で断絶している。国勢調査を使いながら世帯の構成を明らかにした、戦前の家族社会学の金字塔といわれる『家族構成』（一九三七年）を著した戸田貞三が、戦時中に「家の道」というパンフレットを自分の名前で書くなど、そこには戦争協力と学問知という問題も潜んでいる。

第三に、家族社会学において「家」が語られる際に、参照されてきたのは、欧米の「家族」概念であることが大きな特徴である。もともと「家族」という言葉は、欧米のfamilyという言葉の翻訳語として作りだされたものではある。しかしこの「家族」という概念が、familyの翻訳語であるということは必要以上に強調されてきた。戦後では「所謂familyである家族」というフレーズが、頻出している。

戦前において「家族」という言葉は、どちらかというと「よそよそしい法令語」(森岡 1987)であると意識されており、家族は家族成員そのものを指す言葉であった。明治民法においても、同じ用法で使われており、「家族」は集団を指してはいない。家族の集団性について言及するときには、わざわざ「一」をつけて「一家族」と表記することもあった。先ほど言及した戦前の家族社会学の第一人者であった戸田貞三は、家族を現代的用法のように「集団」を指す用法で使っているが、農村の「家」研究が圧倒的に優位であった時代に、戸田のような血縁や愛情に基づいた「家族」を研究すること自体が例外的であったのと同じように、この用法も例外的であるといってもよい。(1)

ところが戦後日本の家族社会学において、欧米の家族は理想的なfamilyである「家族」像、つまり〈近代(的)家族〉として捉えられ、日本の家族はそれとは正反対の性質をもつ「前近代的」な「家」として把握されるといった問題設定がなされた。このような家族社会学における、より正確にいえばもう少しひろく日本の社会科学における問題設定が、「集団」としての「家族」の用法を人口に膾炙させたともいえる。

戦後しばらくすると今度は、「家族」の語彙が「核家族」に変化したが、「核家族」は社会科学からひとびとが日常的に使用する民俗語彙に取り入れられ、一九六〇年代に大流行し、いまだに日常的に使用される数少ない用語である（森岡 1987）。

「家から家族へ」、さらにいえば「家長的家族から〈近代家族〉へ」という変動論には、アメリカのバージェスとロックの『家族――制度から友愛へ The Family: From Institution to Companionship』（翻訳なし）に依拠した「制度家族から友愛家族へ」、もしくはマードックの『社会構造』（原著は一九四九年に出版された『Social Structure』であるが、翻訳されたのは約三〇年後の一九七八年）に依拠した「直系家族から核家族へ」などというバリエーションがあるが、基本的な論理構造は同じである。そしてこういった変動論は、日本を戦争へと導いた「前近代的」で「封建的」であったと考えられる戦前の日本社会への反省を踏まえた、戦後日本の家族社会学の出発点だったのである。

その際に「家」概念は、〈近代家族〉概念（戦後直後においては、すなわち「family である『家族』」）概念と対比させられることによって、日本の家族社会学の中心に位置した。戦後の日本の家族社会学における「家」概念は、欧米の family である「家族」概念、「家族」についての欧米の理論と日本の理論との対比のなかで、練りあげられていった概念である。

その際には、欧米の「家族」に対し日本の家族は「家」である、あるいは欧米の「家族」は都市にみいだされるのに対し日本の「家」は農村にみいだされる、という具合に、欧米／日本、都市／農村、家族／家といった、割合にシンプルな二項対立に依拠して、「日本の家族」は記述され、理論化されてきたのである。

しかし近年の社会史的な「近代家族」論の前にすら、比較の対象となる欧米の「家族」や「友愛家族」である〈近代家族〉は、「単なる『理念型』である」、「ある種の理想像」という指摘があった（例えば神島ほか 1982）。そうであるなら、その対極的な概念として理論化されてきた「日本の家族」である「家」や「家長的家族」の概念そのものや理論もまた、もう一度問い直されなければならないのではないだろうか。社会史的な「近代家族」論を参照しながら、「日本の家族」を「近代家族」として再構成することも可能である。

「近代家族」論は、「欧米」自体が「近代」を代表すると考えられてきた従来の「近代」観に対する反省——つまり「近代」そのものを問いなおすことができる——であり、これによって「日本の家族」の「特殊性」や「前近代性」の相対化が可能になる。これらを踏まえて「家」をどう捉えていくのかは、今後私たちが引き受けていくべき課題である。そのためにも、日本の家族社会学においてどのように、「家」や「家族」といった概念が構築されてきたのか、一種の構築主義的な作業が必要になるのである。

2　家族社会学の戦後の問題設定

(1)　福武直の封建遺制論

戦後の家族社会学の問題設定が鮮明に表れているのは、例えば福武直「家族における封建遺制」(一九五一年)論文の次の論述である。これは、「封建遺制」をめぐるシンポジウムの記録として出版された論文集『封建遺制』に収録されており、戦後の家族社会学のみならず、社会科学の問題設定を如実に表しているといえるだろう。

　法律や慣習や儀礼のような形式的権威的な制度を根底にもつ家族ではなくて、相互の愛情や理解や合意というような人格的相互関係にもとづく友愛に立脚するものとなっている欧米の近代的家族においては、結婚によって家族をつくりあげる当事者にとって、家族がアソシエーションと考えられても、それほど不自然ではありません。それに対し、わが国の家族が、アソシエーションと呼ばれる場合、全然お門違いのように思われるのは、欧米の近代的家族と非常に異なるからであります。アソシエーションの分化は、本来近代を特色づけるものでありますが、わが国の家族がこの言葉と全く無縁のように思われるのは、それが、前近代的だからということにならないでしょうか。(福武 1951: 150　傍点は引用者による。以下断りがないかぎり同様)

そして日本の家族の特徴が述べられるが、これを簡潔にまとめると次の八点となる。

一　祖孫を通じて過去から未来へと連続的に継承される「家」
二　家長の地位の権威の存在とそれを支える家産
三　長子の家督相続
四　親子関係が夫婦関係に絶対的に優位する
五　結婚が家と家の結合である
六　兄弟の序列を反映して分家が行われる場合、分家と本家の関係の不平等がある
七　同族の存在
八　同族的結合が強いために姻戚関係が弱い

戦前には、一から五の問題は親族論として、六から八の問題は生活論として、論じられていた。このように、欧米の family である「家族」が〈近代的家族〉と考えられる一方で、「日本の家族」はその「近代性」を欠如させた「前近代的家族」ともいうべき「直系的家長的家族」として概念化され、「家」と同一視されている。ここでは、バージェスとロックらに依拠して、アメリカの友愛家族が理想視され、「家」と正反対の性格をもつ一代限りの民主的な生殖家族に〈近代家族〉

という名前が与えられ、めざすべき目標とされた。〈近代家族〉は、日本に不在であり、「発見」された封建遺制を取り除くことが課題となった。ここで「近代」には、理想化された欧米の理念、とくにアメリカのそれが想定されていた。

福武によるこの類型論は、戦後日本社会科学における典型的な議論であり、これらの戦後直後の学問のあり方は現在にいたるまでの家族社会学を大きく規定している。つまり戦後すぐに日本社会の「近代性」の欠如が指摘され、欧米、特にアメリカを模範として日本社会の民主化が課題とされるなかで、戦争原因のひとつが家族国家観に求められ、また新たな人間を創り出す基盤として家族が注目されることによって、家族の民主化、近代化、欧米化、つまり実質上は旧民法の廃止である「家」制度の廃止という法律上の変化に、大きな意味が付与された。こうして民主化されるべき封建遺制が「発見」され、その廃止を目標として、さまざまな学問領域で家族制度研究、「家」研究がおこなわれたのである。

ここで、戦前の家族社会学において、基本的には農村の生産共同体として把握されていた「家」概念が(2)、家族国家観や武士的・儒教的道徳や法制度といった法制史・法社会学における「家」概念と融合させられた。また家族社会学の内部においても、親族としての家族に付随する問題と、従来別に論じられていた同族などの村落の生活共同体としての家族に付随する問題が、「家」という言葉に集約されていった。とくに福武が「家」の特徴を列挙する際に、「日本の家族」が「家長的」であるという戸田の家族論と、「直系家族」的であるという「縦」の系譜を重んじる鈴木の家族論と、生活の共同を重くみて、奉公人も含み込む「家」を論じた有賀喜左衛門の家族論とが統合されている。これら従来は別々に論じられていたものが統合されることによって、「日本の家族」である「家」は実に複雑な概念として理論化された。そして、近代的な欧米、特にアメリカに対して、日本の前近代的な側面が、欧米／日本、家族（「近代家族」）／家、近代／前近代、アソシエーション（生殖家族のこと）／直系家族、都市／農村、民主制／家父長制といった二項対立にもとづいて記述され、欧米の「家族」である〈近代家族〉が、追究されるべき家族像として提示されたのである。

（2）小山隆による現代家族論

またここで、現代家族論の代表として、小山隆編の『現代家族の研究――実態と調整』（一九六〇年）をあげておく。

近代家族に対して巨視的な見方をとるならば、制度的家族から友愛家族といったり、また拡大家族から核家族へといったような表現も、それぞれ基本的な傾向をとらえたものとして首肯されるであろう。程度の差はあれ、わが国でもまたその例外ではない。わが国の新旧二つの家族法も、このような家族の実態のなかに見られる一般的傾向と無関係に取り上げられた規範ではない。巨視的な観点から家族の変化を見る限り、新旧家族法の転換はその機を得たといってよかろう。

（小山編 1960: 4）

この著作では、旧民法の改正を契機とした制度的変化とともに、実体としての家族生活に関する意識が変容しているのかどうか、制度と実体の間の乖離が問題とされている。ここで「家」とは法制度上にみられる家族であり、家長中心の家族「意識」をもつ実体的な家族のことでもある。これもバージェスとロックのいう欧米に存在するとされた友愛家族や、マードックによる核家族といった〈近代家族〉と対比されたものであった。

また小山は、都市の核家族意識を受容している家族が「近代型」家族であり、農村の拡大家族意識をもっている家族が、「伝統型」家族であるという。そして近代型・中間型・伝統型といった「尺度」にもとづいて「日本の家族」をみた場合には、都市のアパート居住者でも「中間」型になるという。小山にとっても〈近代家族〉は、欧米の友愛家族であり、核家族という「形態」ではなく、核家族を指向する「意識」をもつような「家族」だった。欧米の家族であり、また同時に普遍的な家族であるとされる核家族が、めざすべき日本に不在の「家族」である点では、小山も福武も同じである。

小山の類型論において重要視されているのは、家族の「形態」ではなく「意識」であり、家父長制という問題が「意識」の問題に集約されている。そして追求されるのは、「直系家族」規範からの離脱であり、民主的な〈近代家族〉意識に基づいた「家族」の形成、つまり「家族」意識の改革であった。その結果、戦後の現代家族論において、「家族」を「集団」として捉えて、家族集団内の（意識）分析がおこなわれた。この「家族」を支える社会構造の分析へとはむかわなかったのである。家族内の役割構造を分析するときにも、民主的な「意識」に基づいているかどうかが問われたのであって、役割構造そのものが権力関係をはらんでいるのではないかと問われることはあまりなかった。

また今は便宜的に現代家族論、伝統家族論といった区分を使用しているが、この小山の『現代家族の研究』ではまだ「現代家族」は対象をしめしているだけであって伝統家族と対立的な類型としては使用されてはいない。福武論文でも、「伝統家族」という概念は使用されておらず、「日本の家族」はたんに「前近代的家族」だった。伝統と現代という区分がでてきたのは、一九六〇年代以降の家族社会学においてである。

家族社会学は戦後新しく問題設定が行われたが、戦前の家族社会学はどのようなものだったのだろうか。戦前の家族社会学のどのような部分が戦後に継承され、どのような部分が継承されなかったのかを検討していこう。

3　戦前の家族論

（1）戸田貞三の家父長的家族と近代的家族

戦前の社会学における家族の議論は、法制史等当時の家族制度に対する規範的な議論から距離を取り、「日本の家族」を実証的に研究することを目的としていた。しかし、そこに存在する「日本の家族」をそのまま研究しようとする態度は、家族の形成に国家政策が関与しているという視角にはつながらなかった。例えば鈴木は、日本の「家」を自然村にみいだせるものとして考えたし、戸田にとって家族は、感情融合に基づく自然な集団であった。「家族」が「自然」と考えられているという点では、戦後の家族社会学の問題設定と同じである。

しかし、もう少し本質的な議論をするとすれば、戸田も鈴木も、「家」と「家族」をめぐる問題の捉え方については、戦後の家族社会学とは異なった側面をもっていた。例えば、以下は『家族構成』における戸田の「家族」や「家」についての記述である。

家族は近親関係にある少数の人々の感情融合に基づく小集団である。それは内においては各員を緊密に和合せしめ、各員の生活要求を共同に保障せしめ、外に対しては全員を連帯的に共同せしめて、その所属員の立場を擁護せしめ、かくしてこれに参加する人々に内的安定を与える特殊団体である。それはあらゆる団体中、共同社会関係的性質の最も強い団体である。ここにおいて人々は互いに他意なく自己の内にあるものを相手方に示し、相手方が示すものをなんらのわだかまりなく受け入れ、老いたるも若きも、病弱者も壮健なる者も、奉仕の程度または作業の良否いかんにかかわらず、許される限りの生活享受を求めている。(戸田 1937→1970: 115)

わが国には戸籍上の家なるものがあり、その家が法律上家族なる集団であるかのごとく認められているが、しかし現代わが国民の事実上の生活形式について観るならば、この戸籍上の家なるものは単に帳簿上の族的集団であり、事実上の家族とはかなり縁遠いものである。(戸田 1937→1970: 122)

戸田にとって「家」という言葉は戸籍上の観念でしかなく、研究対象は「家族」であった。戦争が激化した一九四〇年代の著作において、「家」という語が研究対象として使用されるようにはなるが、それは以前の「家族」という言葉を機械的に「家」に置き換えただけの用語法にすぎない[3]。それまでの研究対象はあくまで「家族」であり、家長的家族と近代的家族という二類型にわけられた。「家」という言葉を、理論的に不可欠な分析概念として取り込まないことによって、戸田は「日本の家族」を理論内在的には「特殊」なものとして考えなかった。まず戸田が家族の特質をどのようにとらえたのか、次の六点にまとめて検討しよう。

一　家族は夫婦、親子およびそれらの近親者よりなる集団である。
二　家族はこれらの成員の感情的融合にもとづく共同社会である。
三　家族的共同をなす人々の間には自然的に存する従属関係がある。
四　家族はその成員の精神的ならびに物質的要求に応じてそれらの人々の生活の安定を保障し経済的には共産関係をなしている。
五　家族は種族保存の機能を実現する人的結合である。
六　家族は此世の子孫が彼世の祖先と融合することにおいて成立する宗教的共同社会である。
（戸田 1937→1970: 37）

戸田によれば、欧米の「近代的家族」は、一から四の条件を満たすものであり、日本の「家長的家族」は、一から六の条件を満たすものである。

家長的家族は日本の家族であり、近代的家族は欧米の家族である。いっけん戦後の家族社会学と同じ枠組みを使用しているようにみえるかもしれない。しかし戸田の家族類型は、単純な二項対立にもとづいてはいない。戸田は、フィーアカントの家族の機能縮小説にもとづいてこの類型をうちたてたが、家長的家族も十分近代的家族の性質をもち、そのうえで祖先崇拝を行うなどといった追加的な機能をもつとされている。

戸田は「日本の家族」の近代的側面に着目し、感情的融合を家族の定義のなかに含めた。そして、日本の家長的家族の特徴と思われているものも、実は近代的な家族の特質でもあるという側面を強調した。例えば先祖崇拝にしても、「親に対する愛着思慕の感情」であるというようにである。

さらに戸田の理論において興味深い点は、日本の家長的家族の特徴とみられている「家産に基づいた共同生活」と同様に、欧米では個人的な私有物と思われている「家族内にある資材」が実質的には共産生活に用いられていることを指摘している点である。つまり戸田は、欧米の理論を一方的に受け入れるのではなく、「日本の家族」にみられる固有性と思われるものが、「欧米の家族」にもあらわれていないかどうかをも検討している。

戸田が、「日本の家族」の特殊性より家族の普遍性の側面を強調するのは、家族を定義する際に参照された欧米の理論が、一〇〇年も前に描かれたコントの著作や、ヴェーバーの「家共同体」論、そしてリールといった古いヨーロッパ系の文献であり、アメリカの家族社会学の文献ではなかったこととも関係があるだろう。古典的なヨーロッパの文献に依拠することによって、従属関係と感情的融合を矛盾せずに同一視しうるような「家族」の定義を導きだすことができたのだ。比較の対象になる欧米の「家族」の像が、「日本の家族」の像と、それほど距離を感じさせるものではなかったのである。もちろん、どのような理論をとりあげて議論をするかは、著者の選択という側面もあるが。

ところで、戸田の問題設定において重要なことは、戸田が「日本の家族」を家長的家族と規定したことである。戸田は家長的家族の成立条件やその内実を詳しく示さなかった。しかし戸田が「日本の家族」を「家長的」であるとしたことの意味は、家族社会学においても、またその他の学問領域においても重要である。戦後は、「日本の家族」はどのような意味で家長的であるのか、それはいつの時代からなのか、それはどのような社会的条件に規定されているのかといった問題が、日本の「家」の存在を前提として問われるようになったからである。これは逆に、欧米の「近代家族」における家父長制といった問いを封じ込めることになった。

(2) 鈴木栄太郎の「家」と「家族」

『「家」から『家族』へ」といった戦後家族の変動論に見られる「家」と「家族」の二項対立的な類型化は、戦前にすでに鈴木栄太郎によってなされている。

> 家族という語は家族団体を特にその集団性に着目して考える場合には適切な語である。現代欧米の都市の小家族を問題とする場合にはこの語はもっとも適切である。それは集団以上の何物でもないからである。わが国における社会形象としての家の本質をその集団性以外のところに認めんとする私の考えにおいては、家と家族とはわけて考える必要がある。しこうして、今日わが国における農村の家族はほとんどみな後にいう直系家族であって、それはまた家をなすものである。
>
> (鈴木 1940→1968: 165)

家族の本質は、社会的に承認されたる永続的なる性的関係ということになるだろう。……かくの如き家族は現代大都市における自由主義的・個人主義的生活態度を持する文化人の夫婦生活のうちに明瞭に示されている。同居する事も、共産的になる事も、そこに従属関係が生ずる事も、感情的融合が現れる事も、みなかくの如き性的関係の持続の間におのずから生じる附帯的要素にほかならぬ。現時点の大都市のアパートに住む若夫婦の生活に、もっとも純化された家族をみいだす事ができる。（鈴木 1940→1968: 162）

このように鈴木は、欧米／日本、都市／農村、家族／家といった二項対立に依拠して、都市の夫婦家族である（最も純化した）「家族」と、農村の家族生活の全体性・統一性である「家」を対比的に使用し、分析対象を「家族」という語で呼んでいる[4]。鈴木にとって、「家」はたしかに村落協同体との関係において考察される家族協同体であった。しかしまた同時に「家」は「一つの精神」であり、鈴木が研究対象を指し示すために使用した学術語は「家族」であったために、理論内在的に「家」が「日本特殊性」であると考えられてはいなかったのである。

後に有賀がいうように、鈴木は「夫婦家族を十分に近代家族とみたのではなかったし、直系家族や同族家族を伝統的家族として夫婦家族とはっきり対比させていなかった」（有賀 1965b→1971: 64）。「夫婦家族」は欧米や近代に特有のものではなく、日本の都市部においてもみられるものだった。

これら鈴木による家族の類型は、「欧米の家族」と「日本の家族」に当てはめられるものではなく、「日本の家族」を類型化するための類型だった。そもそも鈴木の類型は、二つではなく三つである。これらの類型論は戦後日本の家族社会学にも引き継がれた。しかし、鈴木が「日本の家族」の特徴とした「同族家族」を、福武は、「中国の家族」の類型にあてはめている（福武 1951）。また日本の「家」の系譜性が強調されるようになって、同族家族、大家族の理論上にしめる重要さは減っていった。

鈴木は戸田と同様、日本の近代化を考える場合、念頭にあるのは主に都市化である。そして「日本の家族」の近代化は、時間の経過に伴って起こるであろうと考えていた。「一つの精神」である「家」は、遅かれ早かれ失われるであろうノスタルジーに満ちた存在だった。鈴木も戸田も、「日本の家族」の「特殊性」や「前近代性」ではなく、近代的な側面を十分に捉えようとしていたのである。しかし、これらの問題設定は、戦後学問の「再生」の際に失われ、「日本の家族」における「近代性」といった問題設定は、社会史的な「近代家族」論の登場まで論じられてはこなかった。

> 変化していく力が、外からであったとしてもうちからであったとしても、明治以後の変化の原則は明らかに一定の方向に向かっている。そしてその方向は、疑いもなく近世ヨーロッパの文化が向かっている同一の方向である。集団主義から個人主義へ、伝統主義より合理主義へ、統制主義より自由主義へ、道義主義より契約主義へ、これらの変化は我が国民生活のあらゆる側面に浸

透しつつある。家庭生活においても、村落生活においても私達は明かにかくの如き変化を認めざるを得ない。（鈴木 1940→1968: 93）

4　一九六〇年代以降の展開

戦後の家族社会学において、日本の家族の近代性が欠落しているとされたことは、先に述べた。しかし年代を経るにしたがって、とくに一九六〇年代以降、問題設定はかわらないものの、日本の家族が〈近代（的）家族〉、「家族」に変動しないことの理由として、「伝統」や「日本的なもの」がもちだされるようになってくる。伝統家族、現代家族といったかたちで家族社会学の領域がわけられるようになり、「伝統」や、（近代ではなく）「現代」という言葉に、特別な意味がもたされるようになってくるのである。

（1）森岡清美の現代家族論

森岡清美は『家と現代家族』（一九七六年）、および『現代家族変動論』（一九九三年）において、「家」と「現代家族」をつぎのように定義している。

現代を特徴づける家族とはどのような家族であろうか。筆者はそれを夫婦制家族（夫婦家族制

> に立つ家族）の日本的典型と見る。これに対して、日本の近代を特徴づける家族を、筆者は直系制家族（直系制家族に立つ家族）の日本的典型すなわち家とみなす。そうなると、家と現代家族とは、とりもなおさず日本の近代を特徴づけた直系制家族と日本の現代を特徴づける夫婦制家族との関連、の問題として整理される。（森岡 1976: 5）

> われわれの主題は、もともとA and Non-Aという二極類型をモデルとしている。AからNon-Aへの変化が見られても、Non-AがBなのかCなのか見きわめがつかない間は単にAの変化（例えば家の崩壊など）としかいいようはないが、Non-Aにはどのようなものがあるのか、またありうるかについて、仮説的な見通しをもっていなくてはならない。（森岡 1976: 5）

> 本章は、Non-Aのうちで蓋然性の最も高いものとして現代家族を特定し、その概念化を試みたのである。（森岡 1993: 39）

戦後直後は「家」は消去されるべき日本の前近代性ととらえられていたが、年代を経るにしたがって、「家」は強固なものとしてみいだされるようになっていった。そして「現代家族」という類型が使用され、「『家』から『現代家族』へ」という変動論が打ち立てられる。この「現代家族」は、欧米の「近代家族」とある程度の共通性を持つと考えられる当時の日本にみられた家族のことを指している。「家」と「現代家族」は二項対立的に概念化されている。「現代家族」は欧米の「近代家族」である夫婦家族とは異なる「夫婦制家族の『日本的典型』」であり、「家」は、「直系制家族の『日本的典型』」である。ここで「日本的典型」という言葉が使われるのは、「日本の家族」が「家の伝統を背負う」(森岡 1976: 5) からであるという。

森岡の家族変動論を追っていくと、いわば「『家』から『家族』へ」といった図式から、『家』と『家族』の併存」といった図式へと変化していく。「日本の家族」に対する「家」の規定力は強まっていくのである。このことは、日本の近代が「特殊」であるという確信を、深めさせることになる。「家」と「近代」は対立されることによっても「家」の近代的側面はみえなくなるが、「家」が「近代」にシフトさせられることによってもまた、日本の「近代」は問われないまま、とり残されてしまう。

森岡は、「家」と「現代家族」のメルクマールを直系親族との同居規範に求め、実際に同居しているかどうかではなく、規範や意識の変化を問題とした。また第六章であらためて検討するが、日本においてはマードックの「核家族」という言葉が、マードックが本来使用した意味での家族の分析単位としてではなく、生殖家族、夫婦家族と同じ意味で使用されたといえるだろう。そして旧来の家族制度に肯定的な見方からは、核家族の「形態」の不安定性と病理が攻撃の対象となる一方、核家族こそが平等で民主的な「家族」であるとして、めざすべき目標とされた。

しかも、家族周期などの条件から核家族「形態」をとることが重要なのではなく、「後ろめたい思いなしに核家族を形成し、かつその形態を維持することができる」といった「意識」こそが重要であり、これこそが民主化のメルクマール、「現代家族」の特徴とされた。ここでは、直系家族という家族形態と家父長制的な家族が同じものと考えられている。また家父長制を「意識」の問題と捉えることによって、「現代家族」においても世帯主という家長を中心とする「形態」が取られているという側面が、見失われてしまった。さらに「核家族」が「一代限り」(森岡 1976: 7) のものであると考えられることによって、家族の世代間に生じる問題が全て、「家」の問題として捉えられることになった。

ここに、戦前の家族を「家」と捉えてきたことの効果を垣間見ることができる。つまり、戦前の家族への反省、ひいては「家」への反省から、欧米の「家族」を理想化したために、欧米の家族の中にも潜む問題を無視してしまうことになった。いいかえれば、「家」を否定することによって、「家族」の価値が無条件に称揚されることになったのである。また、「日本の家族」が孕む問題を「家」の効果と片づけてしまうことによって、現代的な問題として考察することが難しくなった。さらにいっけんこれとは逆にみえるかもしれないが、「日本の家族」に関する問題を、「家」を日本文化の伝統と考えることで、原理的に解決する必要のない問題としてしまったのである。

(2) 有賀喜左衛門の伝統家族論

ここで伝統家族論に目をむけよう。有賀喜左衛門は福武直や小山隆といった戦後家族社会学の理論的視角を形成した論文にみられる〈近代主義〉を批判している。

「欧米のファミリー（家族）を近代家族とし、日本における家は江戸時代から継承された多くの慣習を残したので、近代の資本主義社会においては封建遺制として存在する」（有賀 1965b→1971: 63）とする福武（1951）を評して、有賀は「このような評価は日本の文明が西洋文明に比して遅れており、日本は西洋文明を取り容れることによって、同じような発展過程をとるという文明批評に根ざし」（有賀 1965b→1971: 63）ていると考える。

福武の論考において「日本の家族」は、「前近代的家族」ともいうべき「直系的家長的家族」であり、「家」であった。有賀が的確にまとめているように、アメリカの友愛家族が理想視され、「家」と正反対の性格をもつ一代限りの民主的な生殖家族が〈近代家族〉という名前を与えられ、めざすべき目標とされた。こうした〈近代家族〉は、日本には存在しておらず、封建遺制を除去することが戦後の課題となったのは、先に述べたとおりである。

小山や福武の直接の批判を意図しているわけではないが、有賀の近代主義批判が出てくるのは、以下のような理論的立場からである。

遺制といわれる現象が、一つの時代において前近代的現象として存在するものとすれば、この現在的段階において、種々の現象が併存することを理解し得るが、これらの現象の相互関係がこの段階の歴史的個性的意義を示すものと考え得るならば、前近代的現象と称するものでも、これはすでに遺制ではなく、現在的意義を持つものにほかならない。何をもって遺制というにしても、たとえば形態上の類似から見るとしても、この前近代文化段階に持っていた歴史的個性的意義と、現在的段階に持つ意義とは異なることは明らかである。すなわち個々の現象の全体への連関の意義が異なることにその根拠があるので、この意味からすれば、遺制の概念は成立するはずはない。（有賀 1949→1967: 18）

この有賀の視角は、「伝統の創造」にも似た秀逸な視点である。実際、近代化とともに消滅すると考えられていた家族に関する事象（例えば性別役割分業等）は、まさに近代社会システムを構成する要素である。その社会システムとの連関で分析しなければ、その事象の本質はつかめない。実際に有賀は、「伝統を固定化して見るところに大きな過ちがあるのであって、伝統も創られたものであるから、それは決して固定不動のものではなく、それは徐々に創り換えられるものであり、常に創造の地盤となるものである」（有賀 1965b→1971: 60）と述べている。

しかしながらそれに続けられるのは、「日本のように原始時代から飽くことなく外国文化をとり入れて、日本自身の改造を意図しながら、なおもそこに日本的な数多くの創造を行ってきた民族にとって固定不動の伝統などあり得ない」（有賀 1965b→1971: 60）という日本文化が雑種文化的であるといったような指摘であり、「だから別の言葉で表せば、社会変動は、そこに伝統に対するどのような否定と反逆とをふくんでいても、それは文化の伝統を地盤としてしか生じないということができる」（有賀 1965b→1971: 60）と「文化の伝統」の「地盤」をつくりだしてしまう。有賀にとって「文化の伝統」は、究極の説明変数なのである。

有賀によれば、近代の見方は二通りあるという。「第一説は、欧米において近代（modern age）に発展した文化を模範として、それに近づくことを近代化と規定するものである」（有賀 1963→1967: 118）。そして、「第二説は、欧米文化の発展を高く評価する点は第一説と変わりはないし、また日本の近代化はこれによりきわめて大きな影響をうけていると見る点でも同様ではあるが、この根底には日本文化の伝統があり、特殊な日本的近代化が現れていることを見て、欧米文化の発展と異なる点を鋭く見出しているものである」（有賀 1963→1967: 119）。こうした視点から、戦後の家族変動をみれば、「日本特有の民主化過程が日本の社会変動の表現の一つ」（有賀 1965b→1971: 60）であり、「『近代化への指向』が日本の伝統を地盤とした変化であるからだと見るよりほかない」（有賀 1965b→1971: 65）とうつる。「まして欧米の family（家族）が形態的に夫婦家族であるとしても、それをどの時代の日本の夫婦家族と同じ性格のものだということはできないし、戦後の日本の家族は法律的に欧米の近代家族をモデルにしたからといっても、それを規定する日本文化から見るなら、内容まで欧米のそれと同じだとは到底考えることはできない」（有賀 1965b→1971: 65）というのである。

こうして有賀は、日本には、日本文化を根底にもった特殊な近代が存在すると考える。有賀によれば当然、日本に特殊な近代の家族が存在することになる。しかしながら有賀によって日本に特殊な「近代家族」が考察されたとはいいがたい。なぜなら確かに有賀は、「家」を「封建遺制」とはみなかった。しかし「家」の永続性を追い求める有賀は、文化を説明変数として、むしろ通史以来の日本文化と「家」の一貫性を強調してしまっている。同種類の社会関係において生じるという「類型」は、家族に関する「類型」に関しても同様に、「同じ民族ないし国民的基盤において生ずる」（有賀 1949→1967: 24）のであって他の近代国民国家下の「近代家族」との比較研究は、行われなかった。

なお、有賀によって批判された近代主義的な問題設定を行った論者も、二項対立的な「家」から「家族」へという移行が行われないことから、「家」の存在を強固に描きだすようにトーンを変化させていく。例えば第一節でとりあげた福武は、マルクス主義的理論前提もあるだろうが、日本の封建遺制である「家」を江戸時代に探っていくことにより、晩年は「家」を説明変数とする日本文化論・日本社会論に移行していった（福武 1977, 1987）。

このように日本の家族社会学の知識社会学的検討を行うことによって、戦後日本の家族社会学において「日本の家族」が、いかに「前近代的」、「日本特殊性」として捉えられてきたのかを明らかにした。戦後、戦争への反省から民主化を課題として「家」からの離脱を目標とした問題設定は、皮肉なことに、その設定自体が論理内在的に「日本特殊性」を呼び込んだ。「日本」という「想像の共同体」を否定するためになされた問題設定は、再び「想像の共同体」を立ち上げるといった効果を生んだのであった。

なおここで戦前の家族論において「日本の家族」の近代性がとらえられていたという側面を、評価的に描いているように思われるかもしれないが、それは戦後の家族社会学との対比において注目に値するのであり、その成果を生産的に受け継ぎながら、また限界をもみすえていくことが必要である。

注

（1）もちろん、血縁を重視する親族論の系譜は戸田以外にも存在するが、やはり生活の共同に着目する生活論の系譜のほうが優位であったことに、異論はないだろう。

（2）後で検討するが、例えば有賀喜左衛門や鈴木栄太郎の研究対象はあくまでも村落共同体における生産単位としての家であり、民法と関係させて論じられることは皆無に近かった。

（3）名義を貸したといわれている『家の道』などの明らかなプロパガンダには、また別の問題がある。

（4）後に喜多野清一は、これを「家と家族の両極分解的論理」と名づけている（喜多野 1976）。

第五章　家父長制をめぐって

1　家父長制とは

家父長制という概念は、今ではずいぶん古臭い概念にみえるかもしれない。日本の戦後の社会科学、とくに家族社会学において、家父長制、その発展形態としての家産制、封建制、家長的家族、といったものは、重要な位置を占めていたにもかかわらずである。また家父長制は、フェミニズムにおいても、男性による女性の支配を指す鍵概念であった。しかし現在、家父長制について語ることは、時代錯誤のようにすらみえるかもしれない。

戦後の日本の社会科学において、家父長制概念は大きな役割を果たしてきた。しかし、家父長制からの離脱を目標に掲げ、アメリカ流の「民主化」がめざされたことなど、米ソの冷戦崩壊後の日本では、さほど意味をもたなくなっているのかもしれない。またフェミニズムの分野においても――もうフェミニズムという言葉すら、ジェンダー・スタディーズという言葉にとって代わられる傾向があり、さらにその「ジェンダー」概念が新しい歴史教科書を作る会のメンバーたちを中心とするバックラッシュのターゲットとなり一種のタブーにすらなってしまっているなかで[1]――、フェミニズムの主要な概念であった家父長制が想起させる家族制度、支配、抑圧、というイメージは、かなり古臭いという印象を与えてしまっているかもしれない。

実際、例えばスピヴァックは、家父長制 patri-archy、つまり父の支配という言葉に込められている生物学的、自然主義的意味合い、歴史実証的解釈の影響を受けやすい点、非難の場を提供して終わりであるという点などをあげて、自分は家父長制という語を使用しないと宣言している（Spivak 1983＝1997）。家父長制という概念がこのような意味合いで使われてきたことは事実であるが、それでは家父長制という言葉は、簡単に葬り去られていい概念なのだろうか。わたしにはそう思われない。まずなぜフェミニズムにおいて家父長制が鍵概念となったのか、家父長制という言葉にどのような意味が込められてきたのか。家父長制という概念が何を提起してきたのか、そしてどのような概念として考えられるべきか、家父長制という概念は必要なのか不要なのか、を検討していくことは無駄ではあるまい。これから家父長制概念について、検討していこう。

2 家父長制概念と第二波フェミニズム

家父長制概念は、第二波フェミニズムにおける理論的成果である。第二波フェミニズムとは、二〇世紀初頭における、婦人参政権などの権利を獲得することによって女性が解放されると考えるリベラル婦人解放論や、社会主義の実現と女性の解放を重ね合わせる社会主義婦人解放論などに代表される第一波フェミニズムに対する概念である。日本では一九六八年の学生運動以降の女性解放運動、とくにウーマン・リブなどの運動や思想実践を、第一波フェミニズムと区別して、第二波フェミニズムと呼ぶ。

一般に、第一波フェミニズムは権利獲得運動、第二波フェミニズムは、それにとどまらないミクロな権力を問題化したと考えられている。しかし実際には、第一波フェミニズムもそれほど単純な思想ではなく、両者には連続性がもちろんある。その意味ではこうした第一波・第二波の区分自体が、両者の差異を必要以上に強調しているということはあるだろう。第一波フェミニズムにおいても、すでに抑圧的な権力だけではなく、女性の主観性や主体性を巻き込むような権力の問題化が、例えば母性保護論争などにおいて行われているし、女性問題以外についても、例えば山川菊栄が女性と人種・階級を合わせて問題にしたように、現在のポストモダン的思想潮流の問題は提起されていたと考えられる。

しかし母性やセクシュアリティをめぐる議論において、「国家」による権力をどのように考えるのか、国家権力への懐疑において、第一波と第二波には大きな差がある。そのうえで、第一波フェミニズムと第二波フェミニズムをわける点は家父長制概念であるといってもよい。

家父長制概念は、まず社会主義婦人解放論からの独立を果たした。家父長制概念は、アルチュセールによるマルクス主義ルネッサンスに多くを負っている概念である。アルチュセールが生産様式から相対的に自律した領域を「イデオロギー」として理論化したように、フェミニストは経済に還元されきれない領域を「家父長制」としてみいだし、理論化した。家父長制という名前によって、生産関係に還元されきれない、男性による女性の支配という独立の問題への回路が開かれたのである。

また家父長制概念は、リベラル婦人解放論からの独立も果たした。リベラル婦人解放論は、女性の社会的劣位を、男尊女卑という男性の「態度」に帰着させ、教育による啓蒙と参政権などの権利拡張により、平等状態が達成されると考えてきた。しかし、男性が心を入れ替えたり態度を改めたりすることで、社会的矛盾は解決しない。平等が達成されないのは、それだけの社会構造的な要因がある。家父長制はひとまとまりのシステムを形成しており、そのシステムに家父長制という名前を与えることは、その構造とメカニズムの分析へと問題を進めることだった。

もちろん、現在の理論的到達点からみれば、第二波フェミニズムには、家父長制を「世界中のあらゆる場所で、通史的に現れている」と考え、普遍主義的・没歴史的・没文化的に定義した側面があった。またその起源を生殖という生物学的性差に求めるなどというような、素朴な生物学還元論の側面もあった。このような没歴史的な普遍主義によって逆に、みえなくなるものも大きい。同じように女性の抑圧があったとしても、社会や時代が異なれば、そのことのもつ意味は変わってくる。そのため、少なくとも問いを「近代的家父長制」というように限定する必要がある。

またひとはジェンダーによってだけ、規定されているわけではない。また女性であるというだけで、全ての女性が同じような抑圧を被っているとはとてもいえない。むしろ、ジェンダーの問題は、階級や人種、民族といった問題と切り離して考えることができない問題であり、また逆も真なりである。階級や民族がいかにジェンダーのメタファーを用いて語られてきたか、例えば、無力な女性のようなオリエントの表象、女性的な貴族階級に対する男性的な労働者階級のメタファーを思い起こせば（Said 1978＝1993; Scott 1988＝1992 など）、それは明らかである。問題を家父長制と名づけることが、すべての女性が同様の状態にいると想定したり、女性に共通の本質や経験があると主張することに繫がってしまったりすることには、注意を払わなくてはならない。

現象に「家父長制」という名前を与えることが、そもそも本質主義を前提とするかのように批判されることがある。「女性の本質などない。総ての女性が、家父長制の犠牲者というわけではない」ということが、「家父長制は存在しない」という結論を導くかのように。しかし、これは転倒している。女性の「本質」がないとしたら、そのありもしない「本質」が、さもあるかのように語られていることが問題なのであり、家父長制を解きあかすことは、この問題を解くことである。それは人種に本質はなく、すべての黒人が人種差別の犠牲者ではなく、短期的に、また人種差別のなかでまさにそれを逆手に取って相対的に利益を得る黒人も存在しているだろうけれども、人種差別は白人の偏見にのみ帰着させられるわけではなく、確固たるものとして「ある」といわざるを得ないのと同様の意味においてである。

また家父長制が存在するといったところで、女性の主体性が否定されるのではない。とくに一九九〇年代以降における女性に関する議論では、女性の「主体性」を強調する議論があった。例えば、「個人的なことは個人的である」という吉澤夏子の議論（吉澤 1997）や「凜々しい主体たち」を強調する永田えり子の議論（永田 1997）などに始まり、援助交際をする女子高生たちの「自己決定」と「自己責任」を強調する議論（宮台ほか 1988）などがそうである。

しかし、資本主義社会における労働者も、労働力を売り渡す前に人格的自由を得ているように、家父長制社会における女性も、さまざまな選択肢の前で、戦略的に行為する行為主体であることは、いまさら強調される必要もないことである。現代の日本で、ひとびとが全く行為の選択肢を与えられず、むきだしの強制のもとに置かれることなどはむしろ稀であり、その場合ですら、ひとびとはその選択肢を、自己納得というかたちで自発的に選択しているかもしれない。問題となるのは、行為者の前に投げ出される選択肢、プラスにしろマイナスにしろの懲罰《サンクション》、問題を読み解く行為者の認識能力、行為の遂行を可能にするさまざまな資源などであって、言語実践、規範や資源の配置を念頭において、行為者の「主体性」や「主体的選択」は考えられる必要があるだろう。

もちろん、家父長制を説明項においただけでは、問題は解決しないのも自明である。つまり、「わたしたちは家父長制社会に住んでいるから、このような家父長制的現象が現れるのだ」という説明は、トートロジーにすぎない。家父長制で何かを説明することでは、何も説明したことにならない。しかしそれは、家父長制とは何かを説明することとは別の問題である。家父長制が何であるかはまだ解かれてはいない問いであるともいえる。問題を家父長制と名づけること、それは問題の所在を定めることである。

3　家父長制はどのようにとらえられてきたか？

日本のアカデミズムのなかで、フェミニズムの家父長制概念は、論争的な概念であった。とくにそれは、従来のヴェーバー的家父長制概念の「伝統」とは異なり、「逸脱的な」用法であると捉えられてきた側面がある。例えば瀬地山角は、家父長制を以下のように説明している。

ウーマン・リブ以降のフェミニズムの理論構築の中で、家父長制はキータームでありつづけてきた。そしてそれは、それ以前に社会学をはじめとする社会科学での用法の蓄積があるだけに、既存の学問のなかで混乱を招き、フェミニズムを「わかる人にしかわからない」ものにしてきたように思われる。……それまでの蓄積を無視したフェミニズムの用法の一人歩きは、既存の学問の側からみれば礼儀をわきまえぬ道場破りに等しかったであろう。……いわば家父長制概念は、フェミニズムを孤立させてきた元凶なのである。かくてフェミニズムは既存の学問の中では、その伝統を無視して勝手なことばかりいう放蕩娘として、あまり正当な扱いを受けてこなかったように思われてならない。（瀬地山 1996: 9–10）

しかしできるだけ公平に判断すれば、フェミニズムにおける家父長制概念は、「礼儀をわきまえぬ道場破り」、「その伝統を無視して勝手なことばかりいう放蕩娘」というほど、既存の学問に敬意を払っていないとは思われない。むしろ「既存の学問」のなかに十分位置づけ可能な、概念の継承と再定義であった。瀬地山がいうようにフェミニズムの家父長制概念は、「フェミニズムを孤立させてきた元凶」だったのだろうか。

ここではむしろ、フェミニズムにおける家父長制概念に対して正当な扱いをしてこなかった既存の学問の側を検討しながら、フェミニズムにおける家父長制概念を既存の学問のなかに位置づけてみたいと思う。これから瀬地山の整理を、批判的にではあるが参照し、家父長制概念の歴史を追っていくことで、家父長制という概念によって何が問題とされてきたのかを明らかにしてみたい。

瀬地山は、社会学における家父長制概念はヴェーバー的家父長制概念に出自をもつ patriarcal-ism、フェミニズムにおける家父長制概念は文化人類学に出自を持つ patriarchy という別の概念であると指摘している。ここでは社会学における家父長制概念が、一枚岩的にとらえられているが、社会学における家父長制概念は、瀬地山がいうように、本当に一貫したものだったのだろうか。そこでは何が問われてきたのだろうか。その概念はどのような現代的な意味をもつのだろうか。そしてフェミニズムにおける家父長制概念は、本当に社会学的用法から「孤立」した用法なのだろうか。フェミニズム文献における家父長制概念の使われかたを、これから実際に読んでいくことによって、このような批判を再考してみよう。

4　社会学の家父長制は、何を問題にしてきたのか？

瀬地山によれば、フェミニズムにおける家父長制 patriarchy は、文化人類学的な系譜の延長にある概念であり、しかも「もはや実際の分析にあってはあまり活用されることのない歴史上の概念」になってしまっていた「父権制」概念を、「権力を所有する主体の性別という点に関して読み込んで作りあげられたもの」であるという。それに対し、社会学における家父長制の用法 patriarcalism は、まず「なんといってもヴェーバーを中核と」し、「文化人類学と同じく古代ローマなどがとりあげられ」、「その意味で文化人類学のそれと共通する要素も大きい」が、「そこで着目されているポイントは文化人類学と微妙に異な」り、「支配の類型学」の一環として問題にされているという。そして、「また一方では、そうした学問的な意味での適用可能性とは少し別の次元で、現実に明治民法下の家制度を指し示すものとして家父長制がかなり定着しているのもたしか」といった「日常的な用語法」があるという。ここでは家父長制の概念は、三つ（文化人類学とフェミニズムの用法を別と考えれば四つ）の流れとして、区別されている。

しかし社会学の学説を検討してみると、社会学における家父長制概念も、それほど一貫性をもつわけではなく、その時代における社会的・理論的コンテクストによって、論争点は変わっていることが明らかである。まず社会学に家父長制概念を導入したという戸田貞三が戦前に、家族類型として家長的家族を〈近代的家族〉に対して打ち立てたときの関心は、家族構成の大きさを説明することであり、それこそ「社会学」的なヴェーバーの意味合いは薄く、メインやクーランジュに倣った文化人類学的な用法に近い。

またここで厳密に議論すれば、戸田は家長的家族と〈近代（的）家族〉を、二項対立的な意味での「対比」的なものとしてとらえてはいない。戸田にとっての家父長家族は、夫婦や親子や近親者からなり、感情的に融合して、自然的な従属関係に基づく共産関係にある〈近代（的）家族〉の特徴に、種的保存の機能を実現する人的結合であり、宗教的共同社会であるという特徴がつけ加わったものにすぎないからである。

ところが戦後繰り返すように、家父長制をめぐる事態は一変した。戦後直後に、日本の民主化がめざされ、日本社会の近代性の欠如、前近代性が問題化された際に、封建的な存在としてみいだされたのが家族国家観であり、家族制度であった。アメリカの近代的、民主的な「所謂 family である家族」、つまりファミリーである集団としての「家族」が目標とされた。その際に、日本の旧民法が、封建的、前近代的な「家」である家父長制的制度であり、アメリカの「家族」と正反対のものとして読まれたのである。(2)

日本の家族制度を前近代的な封建遺制としてみいだした際に、理論的な支柱とされたのがヴェーバーの封建制概念である。つまり中世ヨーロッパと日本にのみ封建制が成立したというヴェーバーに依拠し、封建的な家父長制（もしくはその発展形態としての家産制）が、日本の前近代的性格の除去のために、ひとつの賭金となっていた。この意味では、「学問的な意味での適用可能性とは少し別の次元」（瀬地山 1996: 20）にあるとされる家父長制の「日常的な用語法」も、社会科学の用法から大きな影響を受けて広められていったものであるといえる。

このような問題設定は、丸山真男や川島武宜を始めとする市民社会論者によってまず作られ、法学、経済学、社会学、さまざまな社会科学の分野が混然一体として、家父長制（家産制）を問題とした。つまり法制史や社会学という各々の分野において、家父長制概念に関する「類似した議論」が行われたのでは決してない。各分野に共有されていたこの戦後直後のパラダイムを念頭において理解しなければ、なぜ一九八〇年代になってまで、近世や中世の家父長権の成立をめぐって、日本で論争が起こっていたかは理解できないだろう。

学問上の論争といえばそれまでであるが、戦後に設定された日本におけるヴェーバー概念の適用可能性問題があるからこそであった。「一九五二年春の法制史学会は『家長の権力』を共通テーマとして開催された。この共通課題設定の背景には、戦後の社会科学諸分野における、前近代家族についての家父長制認識の高まりがあり、それらと法制史学界の認識との乖離が問題となってきた、という事情があった」(鎌田 1987: 4)。このような社会的な文脈と問題設定があったからこそ、ヴェーバーの学説に照らし合わせて、日本の前近代の家族における家父長権とは何であるか、どのように成立していたのか、武士層だけでなく家父長権が希薄とされていた農民層にも成立していたのかどうかなどの論点が問題になったのである。

ここまでをまとめると、社会学においても戦前と戦後の家父長制概念は一貫してはいないこと、ヴェーバー的家父長制概念の問題設定がなされたのは戦後であること、そしてこの問題設定が日常語の旧民法を指す家父長制の用語法を、広く生み出したこと、ということになる。蛇足ながら戦後社会学においても、瀬地山が「学問的な意味」ではなく「日常的な用語法」という家父長制の用法は戦後家族社会学においても——例えば小山隆らによる家族分析において伝統家族が「家長的」というように——、使われてもいることを指摘しておきたい(小山編 1960)。

また瀬地山は、文化人類学の家父長制 patriarcy は権力をもつ主体の性別とある特定の家族類型、社会学の家父長制 patriarcalism は、ある特定の家族類型と支配類型を問題にしてきたと分析のレベルを分けるが、ここで両者はそんなに異なったものでもない。力点の置き方は確かに異なるが、ヴェーバーも、家父長制を支配の主体を「家長たる男子」であると定義し、権力をもつ主体の性別に言及しているうえに、文化人類学的な文献と無縁に理論構築を行ったわけではない。両者の区分はあくまで相対的なものにすぎないのではないだろうか。

より正確にいえば、ヴェーバーの「社会学」的家父長制論だけを、特権視しなくてはならない理由はない。例えばフェミニストであるシルビア・ウォルビーは、その著作『家父長制を理論化する Theorizing Patriarchy』において、概念としての「家父長制 patriarchy」を説明する際に、ヴェーバーの『経済と社会』に言及し、「支配の体系」を言及する際に使用される長い歴史を持っていると述べている（Walby 1990）。またヴェーバー「類型」論も、純粋に「類型」として読まれてきたのか、「実態」と混合されてきたのではないかという疑問もある。

結局、日本における家父長制の問題は、戦後ヴェーバー学説の受容に依拠した日本社会分析の問題であった。戦後民主化をめざす日本社会が、ヴェーバー学説を参照しながら、日本社会の封建性・前近代性である家父長制的な家族制度を問題としたのである。しかし、性別役割分業や家族国家観など前近代性とされてきた現象は、近年の歴史学の成果によって、欧米にも存在する実に近代的な現象であることが明らかにされている。また欧米市民社会領域においては、本当に市民社会規範が貫徹しているのだろうか。このように考えれば、戦前・戦後日本も本当に前近代社会であったのか、「進んだ欧米近代」という理念は、たんに理念にすぎなかったのではないかという疑問が浮かびあがってくるだろう。

大胆にいってしまえば、ヴェーバー的家父長制概念は、日本社会の「封建制」の分析のために使われていたのであり、現在の社会分析のためには、その歴史的使命を終えているのではないだろうか。つまり「近代社会」分析のためのヴェーバー流家父長制概念は、もはやそれほど必要とはされていないのではないか。法制史の分野で江守五夫は、「近代市民社会における家父長制」（江守1995）という、市民社会に存在する家父長制についての概念を提出している。概念というのは、継承され、変更され、再定義されていくものなのではないだろうか。

また、フェミニズムが文化人類学から家父長制概念を継承した際の理論的コンテクストを考えてみると、「母権制から父権制へ」というバッハオーフェンの『母権論』から、モーガンの『古代社会』、エンゲルスの『家族、私有財産、国家の起源』、またレヴィ＝ストロースによる女の交換論『親族の基本構造』などであり、基本的に男性による女性支配は、未開社会の親族構造の問題として把握されている。ここにフェミニズムにおける家父長制概念が、普遍主義的・没歴史的なものとして描かれなければならなかった理由をみて取ることができるだろう。家父長制という概念を考える際には、この没歴史主義も克服されるべきであり、やはり問題を「近代的家父長制」に絞って考える必要がある。

フェミニズムにおける家父長制概念は、これら社会（科）学と文化人類学における家父長制概念の克服のうえに打ち立てられなければならない。瀬地山は、分析概念として家父長制を定義するが、その分析概念としての家父長制は、「性と世代に基づいて、権力が不均等に、そして役割が固定的に配分されるような規範と関係の総体」というものである。ここでは「役割の配分は、それ自体はさしあたり権力の配分を示すものではない」として、役割と権力は独立に考えられている。しかし役割分業が性別と関連したものである現在、役割分析に権力を介在させず、独立に定義することが

——権力の定義にもよるのはもちろんであるが——、はたして可能なのか、そのような定義はいったいどのような分析を導くのかを考えなくてはならないだろう。また逆に、「近代における性別役割分業がどのような権力の配置を可能にしたのか」という問題を考える必要があるといってもよい。

瀬地山は、「従来の日本の用法で『家父長制』と呼ばれていた、いわゆる日本の旧民法下の家制度のもとでの性に基づく権力・役割の配分というのは、……『男が外・女は内』という近代の役割分担を反映している点で近代という時代の刻印を受け、また夫婦間の結びつきよりも親子、特に母子の結合が重視されるという点で、西欧に比べて特殊日本的な色彩を帯びている」（瀬地山 1996: 46 傍点は引用者による）「日本型の近代的家父長制」であるというが、このような日本の近代を「特殊日本」的なものと捉えることを可能にしたのが、戦後の社会科学の問題設定であった。日本の社会学の家父長制概念を検討して明らかになるのは、この命題自体が再検討されなければならないということである。

家族において母子の結合が重視されるというのは、実際、西欧の近代家族においても同様であり「日本的特殊性」と殊更いうことは難しい。が、もし仮に日本では相対的に母子の結合が重視されるとしたとしても、そのことがそれほど重要なことなのか、なぜ家族内のその程度の差異が、そのまま家父長制にまで反映されるのかは不明である。

瀬地山は、「家族の中に存在した性と世代に基づくさまざまな関係規範が、外の社会に拡張されたところに、家父長制の原点は存在するのである」という、家族還元主義、文化論的構制を採用するが――それは「家」の倣い拡大といった日本文化論を彷彿とさせる――、わたしは支持しない。家父長制は、家族の型の問題には還元されつくされない、社会システムの問題と考えるべきだからである。また近代社会は未開社会とは異なり、親族構造には還元されきれない。文化人類学における家父長制概念を批判的に検討すれば、このような結論は導きだされなかったのではないだろうか。

5 フェミニズムの家父長制は、何を問題にしてきたのか？

(1) ケイト・ミレット

一九七〇年代以降のフェミニズムの理論構築のなかで、最も早く家父長制という用語を用いたといわれるのは、ケイト・ミレットである。ミレットは、ラディカル・フェミニズムの代表的な理論書である『性の政治学』(Millett 1970＝1985) において家父長制について述べる際に、「両性間にある状況はマックス・ウェーバーがヘルシャフト Herrschaft と定義した現象、すなわち支配と従属の関係の事例であると指摘せざるをえない」(Millett 1970＝1985: 71) と述べている。

「性による支配は、おそらくイデオロギーとしてわれわれの文化のなかに最も広く行きわたり続け、最も基本的な力の概念となるだろう」(ibid.: 72。ただし訳は、Tuttle 1986＝1991 より)。「それは社会学の patriarcalism のもつような支配形態論とは異な」(瀬地山 1996: 22) るかもしれないが、男女の関係を支配と従属の関係として捉え、「権力」概念を軸に、軍隊、産業から経済にいたるまでの「社会の中のあらゆる権力の通路は、警察の強制的暴力まで含めて、すべて男性の手中にあること」(Millett 1970＝1985: 72) を体系的に分析しようとしたミレットは、性による支配という、今まで取り上げられてはこなかった新しい支配の問題を提起していた。ミレットはヴェーバーの支配概念に依拠して問題提起を行い、そして狭義の〈政治〉概念を越えて——ある一群の人間による他の一群の人間の支配を〈政治〉と呼ぶというように——、〈政治〉概念再定義を行ったのである。

ミレットのこの著作は、社会学を中心にするものの、さまざまな学問領域を統合した包括的な著作であるために家父長制概念自体も確かにぶれている。ミレットが家父長制を定義する際に連想する「『父 (patri-) の支配 (archy)』というようなイメージ」は、父系の長老者による若年者の支配、そして男性による女性の支配という、性と年齢という二つの変数からなる長老支配であり、ブルジョワ単婚家族におけるそれに限定されてはいないということにも、注意しておく必要があろう。

このような家父長制社会分析と同時に行われたのは、文芸批評であり、この部分こそこの本の白眉である。D・H・ロレンス、ヘンリー・ミラー、ノーマン・メイラー、ジャン・ジュネといった男性作家のセックス描写を分析し、セックスという従来もっとも個人化され、公権力に対抗するための砦とすら考えられていた領域において、男から女への権力の行使が行われていることをあぶりだすというミレットの戦略は、ラディカル・フェミニズムの「個人的なことは政治的である」という核心に触れるものだった。

「フェミニズムにとって性差別の起源が解放への戦略を構築する上で最も重要なポイントである」

とする瀬地山によれば、ミレットに対し、「フェミニズムの最初の家父長制の用法は現状の記述が中心であって、その起源に対する分析は不十分なものが多かった」（瀬地山 1996: 23）という評価がくだされている。しかしわたしはむしろ、家父長制の起源を追うという安易で不確かな史料にもとづいた——往々にしてそれは空想の産物であるから——歴史実証主義や、因果関係分析に陥らず、文芸作品という具体的な作品を使い、文芸批評によって「詳細な分析と脱構築」（Tuttle 1986＝1991: 350）を行い、当時のセックスを「脱自然化」したことが、当時としては新しく、また評価されるべき点であるように思う。ある現象を「脱自然化」するためには、その現象を「歴史化」していくという方法論ももちろんひとつのやり方ではあるが、「自然」であると考えられていた事象の具体的な構造を暴き、どのような権力が行使されているのか、その関係を分析し、その「自然さ」を議論の俎上にのせるという方法もまた有効だったのである。(3)

(2) ジュリエット・ミッチェルとマルクス主義フェミニズム

家父長制概念は、マルクス主義フェミニズム理論においてもっとも論争的な概念となる。家父長制概念は、マルクス主義の生産還元主義に決別を告げ、家父長制という問題を独自にたてることを可能にした。しかしそのことは再び資本制と家父長制との関係を明らかにするという課題をつくりだした。

マルクス主義フェミニズムの出発点に位置づけられるのは、ジュリエット・ミッチェルである。

ミッチェルによる『精神分析と女の解放』（Mitchell 1974＝1977）は、単に「心理的起源を追う流れ」（瀬地山 1996: 24）にすぎないのではない。ミッチェルは、明らかにアルチュセールを通じたフロイト理論の読み直しをおこなっており、ミッチェルの理論は学説史的にマルクス主義フェミニズムを考える際に欠かせないものである。なぜならミッチェルは資本主義的生産様式とは区別される領域をイデオロギーとして捉え、精神分析を通じて家父長制というファロセントリズムの問題として捉えたからである。――もちろん、ミッチェルはアルチュセールの最終審級概念は、認めないが。ここには、マルクス主義フェミニズムの論争点の原点がみいだせる。

ミッチェルの家父長制概念は以下のように述べられている。人類学で使われる「父系の」とか「父方の」とか「父方住居の」という言葉は、「権力や包括的な法という意味を感じさせない」ため、「私は父の法という意味をこめるために『家父長制』という言葉を取り上げたのである」（Mitchell 1974＝1977: 7）。問題は、まさに「父の法」というファロセントリズムでありまた、資本主義社会では核家族という形態において現れるエディプス・コンプレックス、そしてエディプス・コンプレックスを通じての社会化過程である。

このミッチェルの家父長制論が、マルクス主義フェミニズムの論争点の原点であるというのは、彼女が資本制という生産様式と家父長制というイデオロギー様式を、「相互依存関係」にありつつも「二つの自律的分野」と述べたことにある。例えば日本のマルクス主義フェミニスト上野千鶴子の主張（とその批判）の核心は、近代社会を家父長制と資本制の二つのシステムの相互浸透からなると考える二元論を取ること、そして家父長制は家事労働の搾取という「物質的基盤」をもつという二点にまとめられるだろう。このうち最初の二元論に関しては、ミッチェル、ソコロフといった二元論者の主張を継承しており、次の物質的基盤に関しては、このミッチェルのような家父長制をイデオロギーのみに還元する立場を批判の対象にし、家父長制も独自の（再）生産様式をもつと定式化したと考えることができる。

マルクス主義フェミニズムの家父長制概念の革新的な点は、家父長制概念を「歴史化」した点にある。家父長制を近代資本主義システムとの関係においてとらえることで、家父長制概念のもっていた没歴史性は克服された。したがって、「既存の家父長制的イデオロギー、並びに伝統的に女性は家庭の近隣で働いてきたことが、まず最初に女性の周辺化、そしてそれによる女性の従属的位置を可能にし」（Young 1981＝1991: 101）、資本制を「当初から、男性を第一義的に、女性を第二義的に規定するジェンダー階層の上に構築された」（ibid.: 102）とするアイリス・ヤングの一元論のあり方には問題を感じる。

なぜなら女性は伝統的に家内性を担っていたわけではない。近代社会システムが形成されるときに女性ははじめて家庭内に囲い込まれ、近代的な性別役割分業が形成された。このことは社会史の成果からも明らかである。また近代資本主義の成立の初期には女性や子どもこそが賃労働に携わり、その後賃労働から駆逐されていったことは、基本的な了解事項である。家父長制的資本制を「唯一歴史的に可能な形態である」（ibid.: 103）として、「家父長制に対する闘争は資本制に対する闘争とはまったく別であるとする主張に、実践レベルでどんな意味があるのか、私には理解できない」(ibid.: 104) という社会主義婦人解放論を思わせるヤングの主張を考えれば、上野が二元論を主張する意図はよく理解できる。

しかし、資本制と家父長制の二元論が取られた場合の欠点も、またないわけではない。まず、家父長制を家族に帰着させるという点である。確かに、近代において平等規範が作られてからこそ、女性という「差異」が逆に可視的になり、差異として認識され、構築されていった (Scott 1996)。その際に、女性身体が「家内性」を担うとされたことが、平等規範から排除されることを「自然化」したのは明らかだ。このように、家庭領域が家父長制を考える際に重要な意味をもっているが、家父長制は家庭のみに起源をもつわけでも、家庭以外の領域が家父長制的でないわけでもない。家父長制と資本制を異なった「領域」であるとすることは、この連続性を捉えにくくするのではないだろうか。

逆に家父長制と資本制が相互浸透するとすれば、両者はどのように分けられるのだろうか。むしろ問題は、一元論か二元論というよりも、家父長制はイデオロギーであるのか、独自の生産様式を認めるのか、独自の再生産様式はどうか、という点にあるのではないだろうか。もちろん、両者が密接に関係しているのはいうまでもないことであるが。

家父長制の「物質的基盤」論に関しては、論争をなぞることはいまさらしないが、上野が家父長制は単にイデオロギーではなく、「基盤」をもつ「制度」であると強調する意図は、「女性差別なんてない。気のもちようだ」というある種の発言を考えれば、実によく理解されよう。[4] また家事を「労働」であると捉えたとき、女性たちがインフォーマル・セクターで行ってきたあの「労働」はどうなるのだ、という問いは重要な問いかけである。

しかし、ここで家事労働が家長によって領有されていることを家父長制の「物質的基盤」と呼ぶことは、逆に上野が批判する「生産還元論」に陥ってしまっていると思われる。むしろ国際的な性別分業と国際分業という世界システムのなかで、これらの「労働」が資本蓄積に貢献しているとするマリア・ミースの一元論は、家事労働のゆくえをよく説明している。無限の資本蓄積のための植民地がなくなった現在、資本蓄積のために必要とされている「植民地」は、女性、自然、他民族であるとするミースの立論は、ジェンダー変数のみならず、民族差別など他の差別からどのような利益を資本制が得ているかも説明可能である。また、上野の家父長制と資本制の二元論では抜け落ちていた国民国家の問題も、世界システムを考えることによって、みえてくるものがあるのではないか。[5]

「資本主義は家父長制なしには機能しない」(Mies 1986=1997: 57) し、してこなかった。この「歴史的」事実は、資本主義が必然的に差異を要求してきたという「理論的」な事実でもある。そこで見えてくるのは一元論か二元論かという問いではなく、このような問い自体が意味をもたない地平である。資本主義的家父長制を問題にすること、それは家父長制を念頭に入れて、つまりジェンダーの視点から、資本制を問題にすることに他ならない。[6]

6　家父長制をどう考えていくか？

これまで、家父長制という概念の変遷を追い、考察を加えてきた。それでは家父長制とはいったい何なのだろうか。またどう定義をすればいいのだろうか。

ここではっきりさせるべきことは、重要なのは「定義」ではないということである。定義ならどのようにでも可能である。問題は定義ではなく、家父長制という現象を、どのようにみいだし、どのように解き明かすかである。

瀬地山は、家父長制が「性差別の単なる同義反復に陥」（瀬地山 1996: 30）っていることを批判するが、解き明かすべき課題としての家父長制は、「性差別の単なる同義反復」であっても構わない。だからこそ、ウォルビーの「男性が女性を支配し、抑圧し、搾取する社会構造と実践の体系」（Walby 1990: 20）という、ゆるい定義は——例え理論的な立場を異にしていても——、そこから出発するものとして支持可能である。重要なのは定義ではなく、家父長制がどのように構成されているかを、実際に見据えることだからである。家父長制は問題の所在を表している。家父長制と名づけることは、女性の主体性を否定することでも、女性の本質を措定することでもない。家父長制とは綻び、さまざまな矛盾を抱え、亀裂を生じさせながらも体系的な支配のシステムである。そして綻びがあるからこそ、その転覆が可能になるようなシステムであり、消滅をめざすために、みいだされるべき現象である。家父長制と名づけられる現象を、徹底して解き明かしていくことは、課題としてまだ残されている。

注

（1） 東京都の教育委員会は、二〇〇四年に「ジェンダーフリー」にもとづく男女混合名簿を禁止する通達を出している。

（2） これも繰り返しになるが、戦前の民法では、家長を中心とした成員を「家族」、現在私たちがfamilyと呼ぶような家族集団を「家」と呼んでいたように、「家族（family）」と「家」は対立的な概念としてはそれほど意識されてはいなかった。家族は、家属、つまり家に属する成員のことであり、家族集団を指す用法は、日常的にはそれほど普及していなかったという（川本1978, 森岡1993）。

（3） ミレットのこの著作は、確かに分析は稚拙ではあるものの、現在につながるフェミニズムの問題が提起され、分析されていることに、深い感銘を受ける。家父長制における階級は、かつては娼婦と家庭婦人、現在は職業婦人と主婦の間に敵対感をつくり出すという指摘、また婦徳という階級のみならず、美醜と年齢という階級が存在するという指摘は、「女」というカテゴリーがどのようなものであるのかを考えるときに、いまだに示唆的である。またミレットのジェンダー分析は男性分析でもある。性別と同性愛、すなわちジェンダーとセクシュアリティ、またさらに人種、階級の配置とそのヒエラルヒー分析など、われわれが学ぶべきものは、残されているように思う。

（4） しかし「イデオロギーの物質化」は、アルチュセール以来問われてきた課題であって、上野のこのようなイデオロギー理解に問題があるのも確かである。

（5） 上野は『家父長制と資本制』の岩波現代文庫（二〇〇九年）の解説において、このことを自己批判している。

（6） わたしの知るかぎりミースの著作のなかに、家父長制の「定義」はみあたらない。しかし問題を資本主義的家父長制とたてたこと、それこそが資本制分析の新たな局面を切り開いたのだと思われる。

第六章　核家族という問題

1　核家族という言葉

戦後、家族社会学においてだけではなく、日本社会においても、「核家族」という言葉は大きな役割を担ってきた。本章では、「核家族」という概念がどのような問題設定のなかから生じ、どのような意味を担い、結果として何をもたらしたのかについて考えてみたい。

「核家族」は、文化人類学者であるジョージ・P・マードックの著書『社会構造』（一九四九年）で使われた概念で、“nuclear family”の翻訳語である。当初は「核心家族」、「核的家族」、「中核家族」などと訳されていた学術用語であり、一九五八～五九年頃までは訳語が統一されていなかった。つまり、それほどの注目を払われてはいなかったのである。しかし一九六〇年度の国勢調査の結果によって、日本の核家族率が数パーセントながらも上昇し、「核家族化」が起こっていると考えられるようになると、「核家族」という言葉は単なる学術用語の枠をはみ出すようになる。一九六三年には流行語としてジャーナリズムを席巻し、今では日常語としてすっかりと定着した。

マードックによると核家族は、典型的には「一組の夫婦とその子どもたち」からなる集合体であるという。わたしたちが「家族」といわれて、まず頭に思い浮かべるイメージである。彼は二五〇にもわたる社会の通文化的サーベイに基づき、核家族は人間の普遍的な社会集団であるという核家族普遍説を打ち立てた。とはいっても、すべての家族が核家族という家族形態をもつというのではない。核家族の「核」は、「一種独立した原子」のようなもので、家族は分子のように核家族によって結びつけられているというのである。「核家族は、それが唯一の支配的な家族形態であっても、またはもっと複雑な家族形態をつくりだす基礎単位であっても、とにかく現在まで知られているすべての社会では、ひとつの明確な集団として、また強い機能をもつ集団として存在している」(Murdock 1949=1978: 24–25)。この核家族の集団の機能には、性、経済、生殖、教育の四つがあり、このうちどの機能が欠けても、社会が再生産されず、消滅してしまうという。

2　なぜ「核家族」が流行ったのか？

このように検討してみれば、本来「硬い」学術用語であった「核家族」という概念が、なぜ流行ったのかという疑問につきあたる。一九六〇年の国勢調査で、世帯の縮小傾向が確認されたからだと先に述べたが、それも数パーセントのことである。この数パーセントの数字に、なぜそれほどの意味がもたされたのだろうか。それは、日本の戦後のあり方に大きく関わっている。

第四章でも述べたように、戦後の日本社会では、「家」を否定することが出発点となった。日本が第二次世界大戦を引き起こしたのは、後発近代化国だったため、近代化が徹底していなかったせいであると考えられた。近代社会のなかに、「前近代的」で、「封建的」な社会制度が残存しており、健全な近代化がおこなわれなかったのが問題だとされた。天皇制に代表される家族国家観、長子による単独相続、家督に支えられた巨大な家父長権、同族などの非合理的な組織形態、……こういった「家父長制」の問題が集約された概念が「家」だったのである。

このように考えれば、重要なことはこのような「家」から離脱することになる。つまり、健全で民主的な「家族」、つまりは「核家族」を形成することが至上命題となるのだ。このように「家」を否定し、「家族」、「核家族」を理想とする考え方を、私は「家パラダイム」と呼んでいる。つまり「核家族」の理想化の裏には、日本の「家」に対する反省が含まれている。「核家族」という概念は、「家」と対になって初めて大きな意味をもつ概念だった。「家」が否定されるためには、核家族化が「おこらなくてはならなかった」のである。

3　「家から家族へ」？

このように「家から家族へ」という変動は、戦後の「家パラダイム」のもとで必然的に起こるべきであると考えられていた。ところで、歴史的に検討すればこの変動論は本当に正しいのだろうか。拡大家族からの核家族化は、実際に進行していったのだろうか。

まずは、マードックの見解をもっとも有力に受け継ぎ確認したといわれているパーソンズの「産業化は、核家族を帰結する」という命題を検討しよう。この命題は現在、社会学者が頭のなかでつくりだした空想の産物であるといわれて、歴史的に否定されている。前産業化社会、つまり前近代社会では、拡大家族が優位であったとは決していえない。例えば第一章でも述べたように、ラスレットらのケンブリッジ・グループによる世帯分析によれば、一二～一三世紀のイングランドでは核家族世帯が多かったことが確認されている。

そもそも産業化こそが核家族を作りだすのであるとしたら、労働者の家族から核家族化し、理想的な家族の価値を作りだす主体となっていったはずである。しかし実際には、理想的な家族の価値は中産階級によって作りだされ、労働者階級にその価値が押し付けられていったのである。また労働者階級自身も、階級的な卓越化戦略のために中産階級的価値を取り込み模倣していったのである。

それでは日本ではどうだろうか。日本でも同様の過程があてはまるといっていいだろう。第一回目の国勢調査が行なわれたのは一九二〇年であるが、その一〇〇〇分の一抽出票写しをもとに、家族社会学者戸田貞三は日本の家族の平均員数は四・五人であり、三世代以上が同居している家族は三割にも満たないことを明らかにした。つまり日本の七割強は、一世代・二世代家族を形成していたのである。これは人口動態を考えれば当然の帰結である。子どもの出生数の多いときには、例えすべての親が子ども世帯と同居したとしても、かなりの数の核家族が形成されるのは、自明のことだからである。

4 「核家族」は理想の家族か？

「家から家族へ」という「家パラダイム」が、人口学的には間違っていたとしても、「核家族」という概念が、家父長制的な「家」の理念を否定する際に大きな役割を果たしたことは事実である。それでは、「家」を否定する「核家族」の理念はどのようなものであるのかを、これから検討しよう。「家から家族へ」という命題が人口学的に誤っているということと、「家から家族へ」という規範の変化が要請されてきたことは別の問題だからである。

民主化という観点からみれば、「家」は確かに否定されるべき対象であった。それでは理想化された「核家族」は、本当に民主化された理想的な家族形態なのだろうか。「核家族」を理想化することで、結果として何が引き起こされたのか。また「家」、拡大家族を理想とする言説も存在するが、それらの言説と核家族を理想とする言説は、どのような関係にあるのだろうか。

これから、一九六九年に刊行された松原治郎の『核家族時代』をテクストとしながら、核家族をめぐる言説を検討していきたい。松原の『核家族時代』を資料として選択した理由は以下の三点である。まず第一に、この本は家族社会学の分野で一九六〇年代に繰り広げられた核家族概念の有効性をめぐる核家族論争に、広い意味で関わっていること、第二に『核家族時代』は、「核家族」について学術的にまとめられた、優れて包括的な稀有なテクストであること、第三に、にもかかわらず、この本はNHKブックスとして出版され、一般のひとびとに多く読まれ、影響力を与えたベストセラーだったからである。

(1) 家族の多様性の抑圧

松原によれば、核家族とマイホーム主義は近しい関係にある。

どんなに「マイホーム主義」を軽蔑しようと、夫婦が愛情と相互信頼と心のよりかかりで結びつく場面、親と子が互いに何かを期待しあって、あるいは成長することを祈って作り上げていく雰囲気を、まったく否定する人はいない。その意味で、夫婦と親子が作り上げる核家族は、ひとりひとりの人間にとって、また今日のすべての社会にとって、まさに基礎的社会集団の名に値する集団といえる。T・パーソンズの表現を借りれば、核家族の機能として①正常な場合、すべての子どもが核家族のなかで〝社会化《ソーシャライゼーション》〟の過程を開始するという事実、②正常な場合、すべてのおとなが核家族のなかで、パーソナリティの〝安定化《スタビライゼーション》〟と男女両性の性のバランスの〝調整《レギュレーション》〟をはかっているということに示される（松原 1969: 31 傍点は引用者による）。

このようなマイホーム主義にもとづく核家族が肯定される根拠は、家族が「基礎的社会集団」として位置づけられるからである。戦後、核家族は福祉や人間性の砦であると考えられ、その価値を称揚されるようになった。「現代社会において家族が、正当な存在意義をもち、同時に今日のマイホームの基盤が戦中派をはじめとする国民の努力によって、経済的にも、社会的にも、また政治的にも、苦闘のなかから勝ち取られてきたものであるという事実、そしてまた、現状においても、その生活条件が、さまざまな要因によって、直接・間接に脅かされている事実、それらのなかで人間的条件を確保する、ほとんど唯一といってよいほどの砦であること」（ibid.: 4）が強調されるようになる。

この主張自体に問題があるとは、いっけん思われないだろう。しかし、このようにある特定の家族像を「砦」と置くことによって、「『家』という枠組みや制度や慣習の維持」のために「集団的な核としての構造や機能が果たされない」（ibid.: 49）直系家族や大家族が否定され、ある特定の家族像、すなわち「核家族」のみが唯一の「正しい家族」像として君臨してしまう結果を引き起こす。戦後に、家族の単位を「夫婦と子ども」に置いた言説の効果として、「子どものいない家族は家族ではない」というように、家族社会学者という専門家が「正しい家族」についての判断を行なうようになったという側面は否定できない。このような子どもの有無が「正しい家族」のメルクマールとして強調されることは、戦前にはあまりみられなかったことである。例えば、家族についてのモノグラフを書きためた社会学者有賀喜左衛門は、戦前、「家族」の定義として夫婦をあげてはいるが、子どもには言及していない。

また「急激な日本の核家族化」(ibid.: 17) が強調され、「七割は核家族的世帯」(ibid.: 20) であるとされるが、これら「核家族的世帯」には、母子家庭や父子家庭も含まれている。この松原の作業を批判対象としているわけではないが、一九二〇年と一九六〇年の国勢調査を比較し、「核家族的」世帯が六〇パーセントから六五・一パーセント、すなわち五・一パーセント増加したという結果をもとに、近代産業の発達とともにわが国でも家族の核分裂的傾向があらわれていると結論づけた作業に、山室周平は警鐘を鳴らしている。というのも、この場合の「核家族的世帯」は本来の核家族の他に、「単独世帯、子のない夫婦世帯、および配偶者のいずれか一方を欠く世帯」を含んでいる数字であって、本来の核家族世帯は四二・五六パーセントだからである。一九二〇年には核家族世帯は三八・三パーセントであったから、増加しているとはいえるものの、増加率は五パーセントには達しておらず、「単独世帯、子のない夫婦世帯、および配偶者のいずれか一方を欠く世帯も二一・七パーセントから二二・五四パーセントへと、僅かながら増加していることを看過するわけにはゆかないのである」(山室 1963→1987: 302)。

しかし、母子家庭が「核家族的世帯」に入れられる一方で、家族の単位は父母がそろった核家族であるという基本姿勢は崩されることはない。例えば、核家族普遍説に対する批判として、アダムスによる「母子家庭説」がある。中米の英領ギニアの黒人家族を調査した結果からすると、父親は「潜在的な産ませ手」にすぎず、母子単位で働く世帯の核となる存在は、母と子どものダイアドであるというのである。これに対しては、「やはり、母子だけの関係を基本単位とするという考えは無理であって、どうしても核家族の〝核〟たる意味は依然として存在するといわざるをえない」(ibid.: 39) と結論づけられる。だがこれらは、ある特定の家族形態のみを、「正常な」家族として押しつけることにつながらないだろうか。核家族の理想化は「家」を否定するあまり、「核家族」のみが唯一正常な家族形態であるという規範を作りだしてしまうという結果をもたらしたのではないかと疑ってみる必要がある。そもそも出発点においては、「核家族」とは家族形態ですらなく、家族の基本的な分析単位にすぎなかったのだから。

(2) 自民族中心主義――未開と文化

また多くの学者の研究データを基礎に、W・J・グードが強調しているところによれば、文明社会はもとより、いかなる未開社会をとっても、社会的に承認された男女の性関係から生まれた子、つまり「嫡出の子」と、そうでない関係において生まれた「非嫡出の子」とを、社会生活や制度の意識の上で区別して、なんらかの差別ある処遇をしていない社会はない。嫡出・非嫡出という観念があることそのものが、動物社会と違って、文化をもつ人類社会固有の現象なのである。人類においては、性《セックス》というものが、単なる生理的要求や種の保存本能以上の〝社会的〟機能――性関係に社会的承認を伴なわせることによって、なんらかの社会の秩序維持をはかろうとする――となっているのである (ibid.: 38)。

「母子だけの関係を基本単位とするという考えは無理であって、どうしても核家族の〝核〟たる意味は依然として存在するといわざるをえない」根拠となるのが、上記の部分である。マードックは核家族普遍説の根拠として、どの社会にも社会的に承認された婚姻関係とインセスト・タブーが存在することをあげている。つまりどのような未開社会であっても、これらインセスト・タブーが存在することによって、核家族内婚姻が生じることはない。その結果、ひとは家族を超えた場所で社会関係を結ばざるを得ない。だからこそ核家族は、他の社会関係とは独立した単位として析出されることになるのである。マードックのフロイトに対する態度は両義的であるが、インセスト・タブーや婚姻といった規則こそが、人間を文化的・社会的存在に引きあげるという点に異論はないだろう。

このようなフロイト主義を核家族論が抱え込んだことにより、嫡出／非嫡出という区別をすること自体が、人間を動物から引き離す文化的現象であるという結論を導き出すことになってしまった。

非嫡出子差別を、「文化」をもちだすことによって合理化することにつながっている。実際、非嫡出子に対する差別は、「家」制度を否定して「民主化」されたはずの戦後民法によって強化されている。これは「核家族」を、理想の家族像として掲げたことの効果であろう。核家族におさまりきらない存在が、軽視されることになるのである。

英領ギニアの黒人家族では、母子ダイアドが中心的な機能になっている事実を否定し、嫡出／非嫡出の差別こそが文化であるという。そして唯一、核家族こそが普遍的であると主張することは、ある特定の社会における家族像のみを、優れたものとして他の社会に押しつけることにつながっている。核家族普遍説はこの点で、自民族中心主義的であると、当然いわざるをえない。

（3） 社会化＝性役割の獲得

第一章「核家族時代の到来」の最終節は、「自信のもてる核家族」という題目がつけられている。旧来の大家族と比較して、いかに核家族が安定的な制度かということが、主張されている。例えば、「また、成員のひとりひとりに付与された役割が、核家族においてはつねに二重的である。つまり夫は同時に父であり、妻は母、息子は兄弟、娘は姉妹といったような、その役割の二重性は集団内に生起する社会関係の対《つい》を、つねに単独にではなくて、有機的に相互関連することを予想させる」(ibid.: 48–49)。こうした「有機的相互関連性」は、核家族に集団としての構造的な深まりと強靭性を与えているという。

これらはいっけんすると奇妙な主張である。「有機的相互関連性」はどう考えても、拡大家族のほうが多いに決まっているからである。しかし拡大家族は、「集団としての核家族の力強さ」が発揮されないために無力であるとされる。核家族の安定性は、生物学的な条件から発生するものであるから、むしろ自然な生物学的条件を攪乱する拡大家族はノイズが多すぎるという論理なのである。

これらの背景には、「核家族化が進んだということだけから、またそれが現代大衆社会の流れのなかで、羅針盤を喪った船のようにただよっているという現状から、人びとの集団的努力に不当な非難や揶揄があびせられたり、また自嘲や自己卑下をする人までがあらわれたりする事態」(ibid.: 50) が存在していた。「核家族は不安定な形態である」という拡大家族の価値を称揚する言説への対抗言説であることは考慮しなくてはならないが。

核家族については、性的ないし生理的、いいかえれば生物学的基礎条件からくる役割構造の固定性——つまり男か女か、夫か妻か、親か子かなどは、生物学的基礎条件からいって固定している——、したがって、他のいかなる集団よりも、はるかに集団としての安定性をもっている点も指摘できる。(ibid.: 48)

さらにまた、集団内に作用する勢力《パワー》の源泉の所在とその作用する方向、つまり誰が権威の源泉であり、誰から誰の方向に力が働くかについても、性別・世代別、ないし誰から誰が生み出されたかという出自関係などが自明であるということから、他の集団に比しても相対的に安定した権威構造を構成しうる。こうした諸点で、核家族は他の小集団にくらべるならば、はるかにすぐれて安定した構造化をなしうる集団といえよう。(ibid.: 49)

人間を動物的存在から、文化的存在に引きあげるのは、嫡出/非嫡出という人間によってつくられた区別だった。今度は、生物学的条件こそが集団としての安定性をもたらすという。しかし性別や世代や出自関係によって権威の構造が決定されてしまうこと、これは業績主義ではなく属性主義だという点では、本来、近代的価値規範からの逸脱のはずである。

マードックがいうように、家族集団内の相互作用は、単なる相互作用ではなくて、父とか母とか、夫とか妻とか、あるいは兄とか妹とかの比較的固定した役割相互の間にいとなまれる〝社会関係〟なのである。この役割にもとづく社会関係は、当事者相互の間の、あるいは他の成員をふくめて、役割を認知しあい、ときに期待しあう関係なのであって、その役割期待がお互いのパーソナリティに内面化し固着する。つまり役割を身につけることによって社会化《ソーシャライゼーション》は進行する。(ibid.: 44)

社会化とは役割を取得することであり、このような役割が取得され、リーダーが「それに応じた振る舞い」を行なうようになると、「成員は安心する」という。このようなパーソンズ流の役割観にのっとれば、家族のなかにもふたつのリーダーが出現する。集団の外部から情報や資材を導入し、内部においてそれを整え、目標への方向づけを行なっていくという、いわゆる環境への適応と目標成就の方向づけに関する機能役割を負っている「手段的・適応的リーダー」と、集団内部での役割関係の調整をはかったり、成員の潜在的・文化的な水準の維持を考え、ときに成員の緊張を処理したりする働きをする「統合的・表出的リーダー」である。これらはそれぞれ、男性・女性に割り振られた性役割であり、これらの役割が遂行されることによって、集団は最も機能的に働くというのである。

(4) 核家族をめぐる言説

松原は、核家族の価値を高らかに謳いあげる。

核家族という存在に自信をもとうではないか、その生活を高らかに謳い上げようではないか、それをさまたげるものがあれば、毅然として立ち向かい、ときには相互連帯の力を発揮しようではないか (ibid.: 50)

核家族という概念は確かに「家」からの解放を果たした。しかし解放を約束したはずの概念は、ユートピアではありえなかった。今度は「核家族」という別の家族像、「両親と子どもからなる家族」こそが最良であるという価値を、つくりだすことになった。そこでは嫡出／非嫡出の区別こそが動物を人間にまで引きあげるものだというように、理想の核家族からはみだす存在を貶める効果をもった。また今度は生物学的に決定された性役割こそが適合的で機能的であるとされることで、家族のなかに生じる抑圧や不平等を問題化する回路を閉じてしまうことになった。

もちろん、核家族のみが手離しで称揚されたわけではない。核家族は不安定であり、多様な人間関係が存在する昔ながらの拡大家族こそが安定しているのだという言説もあった。拡大家族と核家族の言説は、つねに拮抗しながら、その緊張関係のなかでつくられていったのである。また、核家族の価値を肯定する松原自身も、同書のなかで「核家族の教育がもたらす歪み」について言及している。

「家庭教育の実務担当がもっぱら母親にあり、きょうだいの数が少なく、ことさら自分への教育期待が異常に強いところで育てられた子ども」には、「必ずといってよいほど何らかの問題が生じる」が、「いうまでもなく問題の根源は、子どもよりもむしろ家庭に、とくに母親にある」(ibid.: 106) ので、「子どもが重症に陥らないうちに、なるべく早く母親の方の治療を心がけるほかはない」(ibid.: 111) という。いうまでもなく、これは「理想の核家族」の言説のネガである。育児の責任が母親にあると考えられるのは、核家族論の当然の帰結である。「家」を批判する「核家族」も抑圧的な家族像なのではないかという疑問は、家族社会学などのアカデミズムの分野ではなかなか提起されなかった。しかしベティ・フリーダンの『女性の神話』や日本のウーマン・リブ運動など、アカデミズムの外では六〇年代には核家族批判もはじめられた。核家族論は、実は構築されるそばから、切り崩されはじめていたのである。

あとがき

やっと宿題をひとつ終えた気分である。

わたしの専門は「ジェンダー理論」だと思われることが多い。もちろんそれも自分の専門のひとつであるが、実際のところジェンダーに関する論文は、就職してから依頼に応えて書いたものばかりである。

わたしが研究して来たのは実は、家族社会学である。しかも日本における「近代家族」を考えてみたいという素朴な問題意識から出発したにもかかわらず、その前段の作業としてまず、「日本の家族は『家』なのかどうか」という課題に取り組もうとしたら、いつの間にかそれが博士論文のテーマにまで発展してしまった。しかも個々の家族現象を研究するというよりは、日本の社会科学において「家」の表象がどのように変わり、何を担ってきたのか、その変遷を追うことになっていた

――いつの間にか「なっていた」としかいいようがない。わたしは自分の専門を「家族社会学」といいきるときにもまた少し躊躇いを覚えるが、それは自分がオーソドックスな家族社会学者の作業ともまた違う作業をしてきたと思っているからである。

大学院時代は、来る日も来る日も図書館に籠って、大正時代から昭和、現代にいたるまでの文献を読み耽る日々が続いた。総合図書館、文学部、農学部、法学部の図書館、そしてまたそれぞれの書庫や研究室など、本郷のキャンパスのなかに点在している文献をコピーするために、とにかくひたすら歩いたのを思い出す。夏の暑い日に汗だくになりながら一日かけてあちらこちらの図書館をめぐったのに、成果は数十枚の雑誌論文のコピーだけという日もあった。しかし今振り返れば、研究に専念できる実に豊かな時間であった。また大学の内部に必要な文献がほとんど揃っているという研究条件がいかに恵まれていたのかということを、あらためて感じさせられる。

編集の松野菜穂子さんには、その頃からずっと「本を出しましょう」とお誘い戴いていたにもかかわらず、なんと一〇年以上もかかってしまった。この本には過去に書いた論文も再録させてもらったが、当時はずっと古い文献ばかりを読んでいたため、現在読み返すと表現が大げさで、古めかしいことといったらこのうえない。できるかぎり文章表現を含め、内容を大幅に書き直したが、至らなかった部分もある。お許し願いたい。

日本の家族社会学における「家」の表象に関しては、『思想』に書かせて戴いた「『家』のメタ社会学――家族社会学における『日本近代』の構築」論文を再録するべきかどうか悩んだが、結局見送った。この論文は幸運にも『家族史の方法』（佐々木潤之介編、日本家族史論集シリーズ第一巻、吉川弘文館）に採録して戴いて、今でもいちおう書籍のかたちで手に取ることが可能だからである。

また指導教員の上野千鶴子先生が東京大学に着任されて最初の大学院生でありながら、先生はもう今年退職されてしまう。今までも博士論文を書きなおして出版するようにと発破をかけられていたが、今さらという気持ちが強かった。しかし「類書が出るかと思ったけれど、いまだ出ない。あなたの博士論文はまだ現代的、社会学的な価値があるから、さっさと出版してしまいなさい」と退職にあたって叱られ、松野さんがこれまた一〇年以上も約束を反故にしていたにもかかわらず、有難いことにこの出版不況のなか改めてお引き受けくださるというので、きちんとしたかたちで出させていただこうと思い、博士論文の原型となった論文の中途半端な収録は諦めた。次回、けりをつけたいと思う。

日本に近代家族論が紹介されてからもう四半世紀が経過したが、現代の日本社会の家族現象を考える際に、「近代家族」という概念がどのように役に立つのか、またこの二五年のあいだにどのように家族現象が変化したのか、一度きちんと詰めて考えたいと思っていた。やっと書きあげることができて、ホッとしている。

本書は、武蔵大学の研究出版助成金を戴いた。出版助成金の責任とそれに伴う締め切りがなければ、怠け者のわたしが本を書きあげることは難しかった。記して感謝したい。

二〇一一年一月

千田有紀

初出一覧

第一章　「家族規範の成立と変容」，2003 年 4 月，土屋葉編『これからの家族関係学』，角川学芸出版

第二章　「さまざまな『家族』のかたち」，2003 年 4 月，土屋葉編『これからの家族関係学』，角川学芸出版

第三章　書き下ろし

第四章　「家族社会学の問題構制――『家』概念を中心として」，1999 年 6 月，『社会学評論』50 号 1 巻，日本社会学会

第五章　「家父長制の系譜学」，1999 年 1 月，『現代思想』1 月号，27-1，青土社

第六章　「『核家族』とはどのような問題か」，2002 年 5 月，広田照幸編『〈きょういく〉のエポケー　第一巻　〈理想の家族〉はどこにあるのか？』，教育開発研究所

以上をもとに，大幅に加筆・修正したものである．

索　引

タ　行

ナ　行

ハ　行

マ　行

ヤ　行

ラ　行

ワ　行

参考文献

Ariès, Philippe, 1975, *L'Enfant et la Vie familiale sous l' Ancien Regime*, Seuil.＝1990, 杉山光信・杉山恵美子訳，『〈子供〉の誕生――アンシァン・レジーム期の子供と家族生活』, みすず書房.

有賀喜左衛門, 1943,『日本家族制度と小作制度――「農村社会の研究」改訂版』, 河出書房→1966,『有賀喜左衛門著作集Ｉ・Ⅱ』, 未来社.

有賀喜左衛門, 1944,「家について」→（加筆）1970,『有賀喜左衛門著作集Ⅸ』, 未来社.

有賀喜左衛門, 1949,『封建遺制の分析』, 中央公論社→1967,『有賀喜左衛門著作集Ⅳ』, 未来社.

有賀喜左衛門, 1949,「家について」→1959, 日高六郎編,『社会学論集――理論篇』, 河出書房新社→1970,『有賀喜左衛門著作集Ⅸ』, 未来社.

有賀喜左衛門, 1950,「非近代性と封建性」→1967,『有賀喜左衛門著作集Ⅳ』, 未来社.

有賀喜左衛門, 1952,「日本の家」→1969,『有賀喜左衛門著作集Ⅶ』, 未来社.

有賀喜左衛門, 1960,「家族と家」→1970,『有賀喜左衛門著作集Ⅸ』, 未来社.

有賀喜左衛門, 1963,「近代化と伝統――日本に関連して」→1967,『有賀喜左衛門著作集Ⅳ』, 未来社.

有賀喜左衛門, 1965a,「家族理論と家への適応――喜多野清一氏の『日本の家と家族』を読んで」→1970,『有賀喜左衛門著作集Ⅸ』, 未来社.

有賀喜左衛門, 1965b,「家の歴史」→1971,『有賀喜左衛門著作集Ⅺ』, 未来社.

有賀喜左衛門, 1965c,『日本の家』, 至文堂→1969,『有賀喜左衛門著作集Ⅶ』, 未来社.

浅野智彦, 2008,「孤独であることの二つの位相」, 大澤真幸編,『アキハバラ発〈00 年代〉への問い』, 岩波書店.

安積遊歩, 1999,『車椅子からの布告宣言』, 太郎次郎社.

Badinter, Elisabeth,1980, L'Amour en plus, Flammarion.＝1991, 鈴木晶訳,

『母性という神話』，筑摩書房.
Benedict, Richard & O'Gorman, Anderson, 1983, Rev. ed., 1991, I*magined Communities: Reflections on the Origin And Spread of Nationalism*, Verso.＝1997, 白石さやほか訳，『増補版　想像の共同体：ナショナリズムの起源と流行』，NTT 出版.
Bourdieu, Pierre & Passeron, Jean-Claude, 1970, La Reproduction: élément pour une theorie du systeme d'enseignement, Éditions de Minuit.＝1991, 宮島喬訳，『再生産——教育・社会・文化』，藤原書店.
Burgess, Ernest W. & Locke, Harvey J., 1945, The Family: From Institution to Companionship, American Book Company.
千本暁子，1990,「日本における性別役割分業の形成」，『制度としての〈女〉——性・産・家族の比較社会史』，平凡社.
Create Media 編，1997,『日本一醜い親への手紙』，メディア・ワークス.
Dumenil, Gerard & Levy, Dominique, 2005, The Neoliberal (Counter-) Revolution.＝Saad-Filho, Alfredo & Johnston, Deborah eds., 2005, Neoliberalism, Pluto Press.
Duru Bellat, Marie, 1990, L'école des filles＝1993, 中野知律訳，『娘の学校——性差の社会的再生産』，藤原書店.
江守五夫，1995,『歴史のなかの女性——人類学と法社会学からの考察』，彩流社.
Fedaman,Lillian, 1991, Odd Girls and Twilight Lovers: A History of Lesbian Life in Twentieth-Century America (Between Men: Between Women), Columbia University Press.＝1996, 富岡明美・原美奈子訳，『レスビアンの歴史』，筑摩書房.
Flandrin, Jean-Louis, 1984, Famiiles: parenré, maison, sexualitédans l'ancienne, Société Editions du Seuil＝1993, 森田伸子・小林亜子訳，『フランスの家族——アンシャンレジーム期の親族・家・性』，勁草書房.
Forward, Susan, 1989, Toxic Parents, Bantam Books.＝1999, 玉置悟訳，『毒になる親』，毎日新聞社.
Foucault, Michel, 1976, La volonte de savoir: Histoire de la sexualite 1, Gallimard.＝1986, 渡辺守章訳，『性の歴史 I ——知への意志』，新潮社.
Foucault, Michel, 1984a, L'sage des plaisir: Histoire de la sexualite 2, Gallimard.＝1986, 田村俶訳，『性の歴史 II ——快楽の活用』，新潮社.
Foucault, Michel, 1984b, Le souci de soi: Histoire de la sexualite 3, Galli-

mard.＝1987, 田村俶訳,『性の歴史Ⅲ――自己への配慮』, 新潮社.
福武直, 1951,「家族における封建遺制」, 日本人文科学会編,『封建遺制』, 有斐閣.
福武直, 1977,『現代日本社会論　第二版』, 東京大学出版会.
福武直, 1987,『日本社会の構造　第二版』, 東京大学出版会.
服藤早苗, 1998,「中世の性愛・家族」, 服藤早苗ほか編,『家族と結婚の歴史』, 森話社.
後藤道夫ほか, 2007,『格差社会とたたかう――〈努力・チャンス・自立〉論批判』, 青木書店.
Harvey, David, 2005, A brief history of neoliberalism, Oxford University Press. ＝2007, 渡辺治監訳,『新自由主義――その歴史的展開と現在』, 作品社.
橋本健二, 2007,『新しい階級社会新しい階級闘争』, 光文社.
橋本健二, 2009,『貧困連鎖――拡大する格差とアンダークラスの出現』, 大和出版.
平塚らいてう, 1918,「母性保護問題について再び与謝野晶子氏に寄す」→香内信子編, 1984,『資料　母性保護論争』, ドメス出版.
Howard, Ronald L., 1981, A Social History of American Family Sociology:1865–1940, Greenwood Press.＝1987, 森岡清美監訳・矢野和江訳『アメリカ家族研究の社会史』, 垣内出版.
Hunt, Lynn, 1992, *The Family Romance of the French Revolution*, Centennial Book.＝1999, 西川長夫ほか訳,『フランス革命と家族ロマンス』, 平凡社.
Illich, Ivan, 1981, Shadow Work, Marion Boyars Publishers.＝1990, 玉野井芳郎・栗原彬訳『シャドウ・ワーク――生活のあり方を問う』, 岩波書店.
石原里紗, 1999,『くたばれ！　専業主婦』, ぶんか社.
石原里紗, 1999,『私、オジサンの味方です。』, ぶんか社.
伊藤比呂美, 1985,『良いおっぱい悪いおっぱい――すてきな妊娠・たのしい出産・あかるい育児・まじめな家族計画』, 冬樹社.
鎌田浩, 1987,「法史学会における家父長制論争」, 比較家族史学会編,『比較家族史研究』2号.
神島二郎ほか, 1982,「座談会　家族と社会諸科学」, 家族史研究編集委員会編,『家族史研究』7, 大月書店.

川本彰，1978,『家族の文化構造』，講談社現代新書.
川村邦光，1994,『オトメの身体』，紀伊国屋書店.
川村邦光，1996,『セクシュアリティの近代』，講談社メチエ.
川島武宜，1946,「日本社会の家族的構成」→1950『日本社会の家族的構成』，日本評論社.
風間孝・キース・ヴィンセント・河口和也編，1998,『実践するセクシュアリティ　同性愛／異性愛の政治学』，動くゲイとレズビアンの会.
北村透谷，1892,「厭世詩家と女性」,『女學雜誌』三〇三號，三〇五號，女學雜誌社→1969,『現代日本文學大系6　北村透谷・山路愛山集』，筑摩書房→青空文庫. http://www.aozora.gr.jp/cards/000157/files/45237_19755.html
喜多野清一，1976,『家と同族の基礎理論』，未来社.
喜多野清一ほか，1970,「家族研究の回顧と展望（座談会)」,『現代家族の社会学――成果と課題』→1993,『戸田貞三著作集　別巻』，大空社.
Koonz, Claudia, 1987, Mothers in the Fatherland: Women, the Family and Nazi Politics, Jonathan Cape Ltd.＝1990, 姫岡とし子・翻訳工房とも訳,『父の国の母たち――女を軸にナチズムを読む（上)（下)』，時事通信社.
Koontz, Stephani, 1992, The Way We Never Were: American Families and a Nostalsia Trap, Basic Books.＝1998, 岡村ひとみ訳,『家族という神話――アメリカン・ファミリーの夢と現実』，筑摩書房.
国立社会保障・人口問題研究所，2005,『第13回出生動向基本調査――結婚と出産に関する全国調査（夫婦調査)』.
小山静子，1991,『良妻賢母という規範』，勁草書房.
小山静子，1994,「近代家族概念再考」,『立命館言語文化研究』6-1.
小山静子，1999,『家庭の生成と女性の国民化』，勁草書房.
小山隆，1951,「家族構成の面から見た封建遺制」，日本人文科学会編,『封建遺制』，有斐閣.
小山隆編，1960,『現代家族の研究――実態と調整』，弘文堂.
黒澤亜里子，1985,『女の首――逆光の智恵子抄』，ドメス出版.
Laslett, Peter, 1985, The Traditional European Household.＝1992, 酒田利夫・奥田伸子訳,『ヨーロッパの伝統的家族と世帯』，リブロポート.
松原治郎，1969,『核家族時代』，日本放送出版協会.
目黒依子，1987,『個人化する家族』，勁草書房.

三浦展，2005，『下流社会——新たな階層集団の出現』，光文社新書.
Mies, Maria, 1986, Patriarchy and Accumulation on a World Scale, Zed Books Lit.＝1997, 奥田暁子訳，『国際分業と女性——進行する主婦化』，日本経済評論社.
Millett, Kate, 1970, Sexual Politics, Doubleday & Co. ＝1985, 藤枝澪子ほか訳，『性の政治学』，ドメス出版.
Mitchell, Juliet, 1974, Psychoanalysis and Feminism, Kern Associate.＝1977, 上田昊訳，『精神分析と女の解放』，合同出版.
Mitterauer, Michael & Sieder, Reinhard, 1977, Vom Patriarchat zur Patnerchaft, Beck. ＝1993，若尾祐司・若尾典子訳，『ヨーロッパ家族社会史——家父長制からパートナー関係へ』，名古屋大学出版会.
宮台真司ほか，1988，『「性の自己決定」原論——援助交際・売買春・子どもの性』，紀伊國屋書店.
森岡清美，1963，「家族と親族」，福武直編，『社会学』，有信堂.
森岡清美，1976，「社会学からの接近」，森岡・山根常男編，1976，『家と現代家族』，培風館.
森岡清美，1987，『現代家族の社会学』，日本放送出版協会.
森岡清美，1993，『現代家族変動論』，ミネルヴァ書房.
Murdock, George P., 1949, Social Structure, Macmillan.＝1978, 内藤莞爾訳，『社会構造——核家族の社会人類学』，新泉社.
牟田和恵，1996，『戦略としての家族——近代日本の国民国家形成と女性』，新曜社.
永田えり子，1997，『道徳派フェミニスト宣言』，勁草書房.
西川祐子，1991，「近代国家と家族モデル」，『ユスティティア』第2号，ミネルヴァ書房.
西川祐子，1996，「近代国家と家族」，『岩波講座現代社会学　第19巻〈家族〉の社会学』，岩波書店.
西川祐子，2000，『近代国家と家族モデル』，吉川弘文館.
落合恵美子，1989，『近代家族とフェミニズム』，勁草書房.
落合恵美子，1996，「近代家族をめぐる言説」，『岩波講座現代社会学　第19巻　〈家族〉の社会学』，岩波書店.
落合恵美子，1994，『21世紀家族へ——家族の戦後体制の見かた・超えかた』，有斐閣.
小倉千加子，2003，『結婚の条件』，朝日新聞社.

Parsons, Talcott & Bales, Robert F., 1956, *Family socialization and interaction process*, Routledge & Kegan Paul.＝1981, 橋爪貞雄ほか訳, 『新装版　家族――核家族と子どもの社会化』, 黎明書房.

Reich, Robert Barnard, 2000,The Future of Success: Working and Living in the New Economy＝2002, 清家篤訳, 『勝者の代償――ニューエコノミーの深淵と未来』, 東洋経済新報社.

Rougemont, Denis de, 1939, L'amour et L'occident, La Librairie Plon.＝1993, 鈴木健郎・川村克己訳, 『愛について（上）（下）』, 平凡社ライブラリー.

Rousseau, Jean-Jacques, 1762, *Emile ou de l'éducation*＝1962, 今野一雄訳, 『ルソー（上・中・下）』, 岩波文庫.

Said, W. Edward, 1978, Orientalism, Aitken, Stone & Wylie Limited.＝1993, 今沢紀子訳, 『オリエンタリズム（上）（下）』, 平凡社ライブラリー.

Scott, Joan Wallach, 1988, Gender and the Politics of History, Columbia University Press.＝1992, 荻野美穂訳, 『ジェンダーと歴史学』, 平凡社.

Scott, Joan Wallach, 1996, Only Paradoxes to Offer: French Feminism and the Right of Man, Harvard University Press.

瀬地山角, 1990, 「家父長制をめぐって」, 江原由美子編, 『フェミニズム論争――七〇年代から九〇年代へ』, 勁草書房.

瀬地山角, 1996, 『東アジアの家父長制――ジェンダーの比較社会学』, 勁草書房.

関口裕子・服藤早苗ほか, 1998, 『家族と結婚の歴史』, 森話社.

千田有紀, 1999, 「『家』のメタ社会学――家族社会学における『日本近代』の構築」, 『思想』898号, 岩波書店→2002, 佐々木潤之介編, 『日本家族史論集〈1〉家族史の方法』, 吉川弘文館.

千田有紀, 2009, 『ヒューマニティーズ　女性学／男性学』, 岩波書店.

千田有紀, 2010, 「新自由主義の文法」, 『思想』1933号, 岩波書店.

Shorter, Edward, 1975, The Making of the Modern Family, Basic Books.＝1987, 田中俊宏・岩崎誠一・見崎恵子・作道潤訳, 『近代家族の形成』, 昭和堂.

Sokoloff, Natalie, 1980, Between Money and Love, Praeger Publishers.＝1987, 江原由美子ほか訳, 『お金と愛情の間』, 勁草書房.

Spivak, Gayatori Chakravorty, 1983, Displacement and the Discourse of

Woman in Displacement: Derida and After.＝1997, 長原豊訳,「置き換えと女性の言説」,『現代思想』12 月号, 青土社.
Stone, Lawrence, 1977, The family, sex, and Marriage in England: 1500–1800, Weidenfeld & Nicolson.＝1991, 北本正章訳,『家族・性・結婚の社会史――1500 年～1800 年のイギリス』, 勁草書房.
鈴木栄太郎, 1940,『日本農村社会学原理』→1968,『鈴木栄太郎著作集 I II』, 未来社.
武田佐知子, 1998,『衣服で読み直す日本史――男装と王権』, 朝日選書.
田中美津, 1972,『いのちの女たちへ――とり乱しウーマン・リブ論』→2001,『新装版　いのちの女たちへ――とり乱しウーマン・リブ論』, 現代書館.
戸田貞三, 1926,『家族の研究』→1993,『戸田貞三著作集 II』, 大空社.
戸田貞三, 1934,『家族と婚姻』→1993,『戸田貞三著作集 III』, 大空社.
戸田貞三, 1937,『家族構成』, 弘文堂→1970, 新泉社.
利谷信義, 1987,『家族と国家――家族を動かす法・政策・思想』, 筑摩書房.
利谷信義, 1996,『家族の法』, 有斐閣.
東京大学大学院教育学研究科　大学経営・政策研究センター, 2009,「高校生の進路と親の年収の関連について」, http://ump.p.u-tokyo.ac.jp/crump/resource/crump090731.pdf.
Tuttle, Lisa, 1986, Encyclopedia of Feminism, the Longman Group Ltd.＝1991, 渡辺和子監訳,『フェミニズム事典』, 明石書店.
内田春菊, 1994,『私たちは繁殖している』, ぶんか社.
上野千鶴子編, 1982,『主婦論争を読む』1・2, 勁草書房.
上野千鶴子, 1986,「対幻想論」,『女という快楽』, 勁草書房.
上野千鶴子, 1990,『家父長制と資本制――マルクス主義フェミニズムの地平』, 岩波書店→2009, 岩波現代文庫.
上野千鶴子, 1994,『近代家族の成立と終焉』, 岩波書店.
上野千鶴子, 1998,『ナショナリズムとジェンダー』, 青土社.
山田昌弘, 1994,『近代家族のゆくえ――家族と愛情のパラドックス』, 新曜社.
山田昌弘, 2004,『希望格差社会――「負け組」の絶望感が日本を引き裂く』, 筑摩書房.
山室周平, 1963,「核家族論と日本の家族 (2)」, 東京家庭裁判所・家庭事件研究会,『ケース研究』77＝1987, 家族問題研究会編,『山室周平著作集

家族学説史の研究』，垣内出版.
与謝野晶子，1918，「平塚，山川，山田三女史に答う」→香内信子編，1984，『資料　母性保護論争』，ドメス出版.
吉本隆明・芹沢俊介，1985，『対幻想論――n 個の性をめぐって』，春秋社.
吉澤夏子，1997，『女であることの希望――ラディカル・フェミニズムの向こう側』，勁草書房.
Young, Iris, 1981, Beyond the Unhappy Marriage: A Critique of the Dual Systems Theory, Sargent, Lynda eds., Women and Revolution: A Discussion of the Unhappy Marriage of Marxism and Feminism＝1991, 田中かず子訳，「不幸な結婚を乗り越えて――二元論を批判する」，『マルクス主義とフェミニズムの不幸な結婚』，勁草書房.
若桑みどり，2001，『皇后の肖像――昭憲皇太后の表象と女性の国民化』，筑摩書房.
Walby, Silvia, 1990, Theorizing Patriarchy, Blackwell.
Wall, Richard, 1983, The Household: Demographic and Economic Change in England＝Wall, R, Robin, T. and Lasleft, Peter eds., Chapter 16 of Family forms in Historic Europe＝1988, 中村伸子訳，「世帯」，斎藤修編著『家族と人口の歴史社会学』，リブロポート.
Weber, Max, 1956, Wirtschaft und Grundriss der verstehenden Soziologie, neu herausgegebene Auflage.＝1970, 世良晃志郎訳，『支配の諸類型』，創文社.

著者紹介

1968年生まれ
2000年　東京大学大学院人文社会系研究科博士課程修了
現　在　武蔵大学社会学部教授／博士（社会学）
主　著　『女性学／男性学』（岩波書店，2009年），『上野千鶴子に挑む』（編著，勁草書房，2011年）

日本型近代家族　どこから来てどこへ行くのか

2011年3月25日　第1版第1刷発行
2020年7月20日　第1版第7刷発行

著者　千《せん》田《だ》有《ゆ》紀《き》
発行者　井村寿人

発行所　株式会社　勁《けい》草《そう》書房

112-0005　東京都文京区水道2-1-1　振替　00150-2-175253
（編集）電話　03-3815-5277／FAX　03-3814-6968
（営業）電話　03-3814-6861／FAX　03-3814-6854
理想社・松岳社

ISBN978-4-326-65361-4　Printed in Japan